LA MAXIME

ET

LE DISCOURS D'AUTORITÉ

DANGER

LE
PHOTOCOPILLAGE
TUE LE LIVRE

© 1997, Editions SEDES
ISBN 2-7181-9066-2
ISSN 1275-4382

Collection « LES LIVRES ET LES HOMMES »

dirigée par Gabriel CONESA

LA MAXIME

ET

LE DISCOURS D'AUTORITÉ

par

Charlotte SCHAPIRA

SEDES

A mes parents

LISTE DES ABRÉVIATIONS

B. : Boileau, *L'Art poétique*.
C. : CORNEILLE.
L. B. : LA BRUYÈRE.
L. F. : LA FONTAINE.
L. R. : LA ROCHEFOUCAULD, *Maximes*.
M. : MOLIÈRE.
P. : PASCAL, *Pensées*.
R. : RACINE.

INTRODUCTION

Le regain d'intérêt théorique que l'on constate actuellement pour les énoncés gnomiques, proverbe, adage, apophtegme, aphorisme, dicton, sentence, maxime, pensée, etc., présente à première vue quelque chose de paradoxal. En effet, les études théoriques et critiques sur les formes brèves ont toujours coïncidé, dans le passé, avec un épanouissement du genre lui-même. Or, la fortune de celui-ci a connu à travers les âges des hauts et des bas et, depuis le XVIIIe siècle, la maxime/sentence [1] passe, en France du moins, pour un genre démodé. Les auteurs s'accordent pour dire que les formes brèves dites « cultivées » ou « savantes » (maxime, sentence, aphorisme, etc.), ayant connu une grande vogue aux XVIe et XVIIe siècles, se sont vues discréditées par cette inflation même et, fort méprisées au XVIIIe, ont disparu depuis en tant que genres indépendants. Voltaire ne voit dans les *Maximes* de La Rochefoucauld que « des matériaux pour orner un livre » et non plus, comme l'auteur et ses amis, des études philosophiques sur la condition humaine : « au [...] Siècle des Lumières, l'esprit philosophique a l'horreur du préjugé et le goût de la réflexion. L'emploi du proverbe équivaut à un impardonnable brevet de cuistrerie », écrit M. Maloux dans son introduction au *Dictionnaire des proverbes, sentences et maximes* [2]. Il faut sans doute prendre ici le terme « proverbe » dans son sens le plus large, d'énoncé parémique, qui inclut toutes les formules censées exprimer des vérités générales. Et pourtant, non seulement bien des écrivains du XVIIIe, J.-J. Rousseau en particulier, émaillent leurs écrits de maximes, mais c'est pendant cette période que l'on trouve en France les derniers auteurs pratiquant la maxime comme genre indépendant : Vauvenargues, Chamfort, Rivarol. Cependant, le genre des formes brèves continue à fleurir en dehors de la France, en

---

1. Les deux vocables sont employés indifféremment comme termes génériques. Cf. notre discussion dans le chapitre suivant.

2. M. Maloux, *Dictionnaire des proverbes, sentences et maximes*, Paris, Larousse, 1960, « Introduction », p. X.

Allemagne surtout, où du XVIIIe au XXe siècle il est productif aussi bien dans la littérature que dans la philosophie. L'Espagne manifeste aussi, à toutes les époques, un goût très prononcé pour l'énoncé gnomique. Au début du XXe siècle, l'écrivain Ramón Gómez de la Serna forge même un terme nouveau, *greguería*, pour un genre de formules spirituelles, qu'il pratique avec beaucoup de succès[3].

S'ils ont perdu pendant deux siècles environ l'intérêt des chercheurs, la maxime, la sentence, l'aphorisme sont, par conséquent, loin d'avoir disparu. C'est qu'énoncer des phrases exprimant ou prétendant exprimer des vérités générales, consacrées par l'usage collectif (le proverbe) ou fruit de l'expérience personnelle (tous les autres types de formules) apparaît comme une activité humaine nécessaire et par conséquent inévitable. La confusion quant à la survivance du genre vient principalement du fait que les formes brèves se sont toujours présentées de deux manières distinctes : la formule générale en tant que genre indépendant d'une part, et, d'autre part, la même formule intégrée à un discours continu, qu'elle éclaire, étaye, résume et/ou embellit, selon le cas. En réalité, si en tant que genre indépendant la maxime a été négligée en France après le XVIIIe siècle, le moule de la vérité générale frappée en formule mémorable est une forme de création qui a toujours été productive aussi bien oralement que dans tous les genres d'écriture, et qui ne disparaîtra jamais. Il est évident que la maxime écrite a une plus grande espérance de vie et de plus grandes chances de notoriété que celle qui est prononcée oralement ; viennent s'ajouter, pour les deux, le prestige de l'énonciateur, la qualité de la maxime et les circonstances de l'énonciation. Ainsi, la déclaration du premier astronaute débarquant sur la lune : « Un petit pas pour moi mais un grand pas pour l'humanité[4] » est devenue tout de suite proverbiale, l'énonciateur étant un homme à la pointe de l'actualité, et la circonstance mémorable. Mais, dans l'anonymat de son quotidien, tout être

---

3. Ramón Gómez de la Serna (1888-1963), inventeur de la *greguería* (de *griego*, grec), formule consistant « en une phrase très brève, dans laquelle se fondent l'image lyrique, l'humour, le paradoxe et [...] la plaisanterie. » (Monitor : *Enciclopedia Salvat para todos*, Pamplona : Salvat, t. 6, 1967).

Ce type de formule oscille entre la saillie spirituelle, dont le seul but est d'amuser (« La muerte es hereditaria », La mort est héréditaire) et la vraie maxime (« La timidez es como un traje mal hecho », La timidité est comme un vêtement mal fait ; « Hay quien se reserva para dar su primer limosna a los pobres que haya a la puerta del cielo », Il y a des gens qui se réservent de donner leur première aumône aux pauvres qui se trouveront à la porte du ciel).

4. Comme on le constatera dans ce qui suit, cette déclaration sera classée ici parmi les apophtegmes, puisqu'elle se présente comme le double prédicat du moi-ici-maintenant de l'astronaute au moment de l'énonciation.

humain exprime, souvent plusieurs fois par jour, des généralités qui répondent du point de vue linguistique à la définition de la maxime (système clos anaphorique, autonomie linguistique et référentielle), mais ne sont peut-être pas toujours perçues comme des maximes, parce qu'elles paraissent inexactes, banales, pauvres en contenu, ou tout simplement bêtes.

« Les enfants (en général, et non ses propres enfants) sont insupportables », « les jeunes sont égoïstes », « les vieux sont égoïstes », « les jeunes ne connaissent pas la valeur de l'argent », « les femmes sont bêtes », « les femmes sont dépensières » (cf. le détournement d'une pensée de Pascal : « la femme est un roseau dépensant ») « les femmes sont inconstantes » (les femmes étant, comme on sait, le sujet de prédilection d'un nombre particulièrement grand de vraies et de fausses maximes), « les hommes sont infidèles », etc., ne nous paraissent même pas pouvoir se rattacher à la classe, très prestigieuse dans notre esprit, de la maxime, tant ces énoncés nous semblent anodins et simplistes, faux par le fait même de la généralisation, stylistiquement frustes et pauvres en substance. Sont-ils cependant si différents de certaines maximes qui, auréolées du prestige des œuvres qui les véhiculent, nous sont imposées comme profondes et mémorables ?

> Un père est toujours père [...]

dit Pauline dans *Polyeucte*, aussi simplement que nous le dirions nous-mêmes en parlant de nos relations avec nos parents ou avec nos enfants. Dans *Pompée*, Photin, politicien intrigant et le personnage cornélien le plus riche en maximes immorales, en produit parfois de si simples et si proches du lieu commun que nous n'oserions pas les citer sous le nom de Corneille sous peine de nous rendre ridicules :

> Chacun a son avis [...] (I, 1)

Pour peu qu'on interroge ses souvenirs, les maximes de toutes sortes affleurent :

> Frailty, thy name is woman[5]. (Shakespeare, *Hamlet*, I,2)
> La donna è mobile qual piuma al vento,
> Muta d'accento e di pensier[6]. (*Rigoletto*, III, 2)

---

5. « Faiblesse (morale), ton nom est femme. » Sauf indication contraire, toutes les citations en langues étrangères sont traduites par l'auteur.

6. « La femme est mouvante comme la plume au vent, elle change d'accent et de pensée » ou, comme on la chante en français : « Comme la plume au vent/femme est volage... etc. »

Or, que dit Hamlet, l'intellectuel shakespearien, sinon que la femme est inconstante et c'est aussi ce que prétend le duc de Mantoue, lui-même l'inconstance personnifiée, dans *Rigoletto*, en lui attribuant aussi plusieurs autres défauts.

La maxime est partout autour de nous, citation faisant partie de notre bagage culturel, en quantité proportionnelle à notre instruction, à notre mémoire et à notre goût pour l'expression « bien frappée ». Dans la littérature aussi, quoi qu'on ait pu en dire, la maxime enchâssée présente une parfaite continuité aussi bien dans la prose que dans la poésie. Selon la nature et le caractère de l'écriture, certaines œuvres sont, sans doute, plus fertiles que d'autres en formules exprimant des vérités générales. La *Recherche du temps perdu* en est si chargée, que l'on voit volontiers aujourd'hui en Proust le moraliste du XXe siècle. En effet, si la maxime est la somme de la sagesse que l'on acquiert par l'expérience, et si la vie humaine n'est rien d'autre qu'une longue accumulation d'expérience, n'est-il pas naturel que l'enseignement qu'en tire Marcel s'organise en lois psychologiques et en règles sociales ? Proust lui-même affirme d'ailleurs admirer la poésie de Baudelaire précisément parce qu'elle est riche en maximes [7]. Il n'y a, en effet, presque pas de poème baudelairien qui n'en contienne :

> Le poète est semblable au prince des nuées
> Qui hante la tempête et se rit des archers ;
> Exilé sur le sol au milieu des huées,
> Ses ailes de géant l'empêchent de marcher. (*L'Albatros*)

> La Maladie et la Mort font des cendres
> De tout feu qui pour nous flamboya. (*Le Portrait*)

> Le vin sait revêtir le plus sordide bouge
> D'un luxe miraculeux [...] (*Le Poison*)

Originales ou citées

> L'Art est long et le Temps est court (*Le Guignon*)

l'abondance même de ces formules les signale à l'attention du lecteur. Il en va de même, par exemple, au XXe siècle, d'un auteur comme Giraudoux ; *La Guerre de Troie*, notamment, en foisonne :

---

7. M. Proust, *Correspondance générale*, Paris, Plon, 1930, t. I, p. 4.

Baudelaire prétend d'ailleurs pratiquer aussi la maxime à l'état indépendant. Mais son choix de *Maximes consolantes sur l'amour* (Baudelaire, *Œuvres complètes*, Paris : N.R.F., Pléiade, 1961, (pp.470-6), ainsi que ses *Conseils aux jeunes littérateurs* (*ibid.*, p. 476-84) sont en réalité construits sous forme de discours continu adressé aux jeunes poètes.

[Le destin] est simplement la forme accélérée du temps. (I, 1)

Après les guerres il naît plus de garçons que de filles. (I, 3).

Si toutes les mères coupent l'index droit de leur fils, les armées de l'univers se feront la guerre sans index... Et si elles lui coupent la jambe droite, les armées seront unijambistes... Et si elles lui crèvent les yeux, les armées seront aveugles mais il y aura des armées, et dans la mêlée elles se chercheront le défaut de l'aine, ou la gorge, à tâtons... (I, 3).

Ici aussi les maximes appellent les maximes, le texte cite ou adapte des proverbes :

[...] on ne tue bien que ceux qu'on aime (I, 3)

fait référence, de toute évidence, à

Qui aime bien châtie bien.

Création, citation, remaniement, la maxime est de tous les écrits et de toutes les époques; loin de se cantonner, comme on pourrait le croire, dans la littérature et dans la philosophie, elle se manifeste dans la critique littéraire, dans les sciences, dans les discours politiques. Breton disait, non dans sa poésie, mais à propos de la poésie :

Le poème doit être une débâcle de l'intellect. Il ne peut être autre chose [8]

et, dans un article critique intitulé « L'explication des faits littéraires », M. Riffaterre affirme (en italiques dans l'original) :

[...] *le style, c'est le texte même* [9].

Les journaux et les revues d'information en parsèment les comptes-rendus de la plus brûlante actualité. Trois numéros de *L'Express* dépouillés à cette fin donnent une moisson impressionnante par la quantité aussi bien que par la qualité. Dans un article – littéraire – il est vrai, sur Virginia Woolf, nous lisons cette maxime désabusée digne de La Rochefoucauld :

On est heureux sans peine avec des partenaires que l'on n'aime pas; c'est la passion qui gâche la vie quotidienne des couples [10].

Des maximes politiques rappellent les réflexions de La Bruyère sur la cour :

8. Breton et Eluard, « Notes sur la poésie », in Eluard, *Œuvres complètes*, Paris : N.R.F., Pléiade, t.1, p. 474, cité. par M. Riffaterre, *La Production du texte*, Paris, Seuil, coll. « Poétique », 1979, p. 8.

9. M. Riffaterre, *ibid.*, p. 8.

10. A. Rinaldi, « Un si beau désastre », in *L'Express*, No. 2221, 3 février 1994, p. 7.

En politique, comme dans les familles, planent parfois des secrets de polichinelle qu'il vaut mieux ne pas révéler [11].

Le ton des formules est varié et inégal. Parle-t-on d'art, de théâtre ou de cinéma? La tendance est à la poésie :

Une belle femme séduit par sa lumière.
Séduire revient à ne plus être détestée [12].

Politique étrangère de la France? Le ton tourne au sarcasme : dans un article intitulé « L'honneur et le machin », la première phrase garde la couleur argotique annoncée par le titre :

Tirer ou se tirer?

non sans rappeler, sur le mode mineur, « To be or not to be ». La phrase, d'ailleurs, est non seulement identifiée dans le texte même comme « formule », mais elle nous est offerte accompagnée d'un passage critique pesant le pour et le contre de son appartenance possible à la classe des maximes :

La formule, continue l'auteur, reprise par l'ancien ministre de la Santé et de l'Action humanitaire, Bernard Kouchner, a le mérite de la concision (+) et le défaut du simplisme (:) [13].

De manière surprenante, la rubrique « L'Evénement », centrée sur l'action et non sur la réflexion, offre pourtant, elle aussi, de remarquables maximes : prenons un article bien ancré dans l'immédiat des affaires françaises et qui n'est qu'une longue énumération des négociations du premier ministre au sujet d'un complexe industriel; tout à coup, au milieu de ce compte-rendu schématique, une remarque d'ordre général frappe non seulement par son contenu, mais aussi, et surtout, parce qu'elle détonne dans son contexte :

Les Français aiment être uniques, mais détestent être seuls [14],

une vraie maxime, concise, claire, à structure binaire jouant sur le rapport sémantique des mots seuls/uniques.

Les formes brèves font partie de l'univers de chacun : qui plus est, nous sommes tous auteurs ou « consommateurs » de maximes. Combien de gens,

---

11. « Matignon monte au front », in *L'Express*, No.2219, 20 janvier 1994, p. 9.

12. S. Grassin, « Judith sans cinéma », in *L'Express*, No.2219, 20 janvier 1994, p. 46.

13. Y. Cuau, « L'honneur et le machin », in *L'Express*, No.2219, 20 janvier 1994, p. 5.

14. « Balladur : Le tremplin du Gatt », in *L'Express*, No.2215, 23 décembre 1993, p. 8.

en effet, peuvent-ils se vanter d'avoir composé, même en jouant ou en plaisantant, un poème, une épigramme, à plus forte raison un conte, une nouvelle, un roman ? Peu de gens sont assez instruits pour déclamer de mémoire des poèmes, pour citer des auteurs antiques ou modernes. Mais qui n'a jamais cité un proverbe ? Qui n'a jamais formulé une remarque de portée générale, tirée de la propre expérience ? Pour peu que nous exprimions une pensée qui dépasse le moi-ici-maintenant, nous émettons une maxime. On les trouve dans nos lettres, dans les journaux, dans les revues sérieuses et frivoles, dans toutes les œuvres littéraires. Nos croyances, nos préjugés, nos superstitions mêmes prennent la forme de la maxime. Unité linguistique, genre littéraire, création originale, remaniement, adaptation ou emprunt, réflexion ou ornement littéraire, nous essaierons, dans ce qui suit, d'explorer et d'éclairer cette notion qui, par bien des côtés, reste encore obscure.

Les recherches sur la question se sont non seulement multipliées dernièrement, mais ont aussi changé de direction. Depuis les temps les plus anciens, c'est le contenu de la *gnômé* qui se trouve au centre du débat : sagesse antique populaire dans le cas du proverbe, opinion individuelle pour les autres formes générales, leurs définitions respectives prenaient pour point de départ la nature de leur message. La nouvelle ligne de recherche est due, en grande partie, aux nouvelles orientations de la linguistique et notamment à l'analyse du discours qui, ainsi qu'il a été remarqué, « possède le privilège de se situer au point de contact entre la réflexion linguistique et les autres sciences humaines [15] ». C'est donc grâce aux développements de la linguistique moderne que l'on a pris pleinement conscience du fait que les formes brèves représentent un phénomène très particulier, parce que se trouvant au centre de plusieurs carrefours différents : genre littéraire à part entière actuellement ou virtuellement indépendant, susceptible de traiter de tout aspect de la condition humaine, champ stylistique ouvert et, en même temps, unité de discours close se définissant non pas en fonction de sa structure (comme, par exemple, les poèmes courts à forme fixe) mais bien linguistiquement, puisqu'elle obéit à des règles grammaticales et sémantiques qu'il est possible de formaliser et dont certaines ont déjà été définies. Celui-ci est, en effet, le seul genre littéraire qui puisse se décrire non seulement en fonction de son thématisme et/ou de ses techniques, mais aussi en termes linguistiques, puisqu'il coïncide souvent avec la phrase ou avec un groupe de

15. D. Maingueneau, *Initiation aux méthodes de l'analyse du discours. Problèmes et perspectives*, Paris, Classiques Hachette, 1976, « Introduction », p. 3.

phrases constituant une unité de discours sémantiquement et grammaticalement cohérente et achevée. Cette dualité exige une double approche : littéraire traditionnelle certes, mais seulement après avoir, au préalable, cerné et étudié le phénomène du point de vue linguistique.

Or, pour peu qu'on se penche sur le côté linguistique de la question, on s'aperçoit que les ouvrages théoriques offrent le plus souvent une image simplifiée et stéréotypée de la maxime : phrase de portée générale, à caractéristiques grammaticales peu nombreuses et fixes. Le but principal du présent ouvrage est de proposer, par une analyse plus compréhensive, une idée plus véridique de sa nature linguistique et une vue plus nuancée du genre littéraire qu'elle constitue. Ces objectifs imposent deux directions principales de recherche : la première concerne l'exploration des moyens mis en œuvre pour la construction de la formule par l'énonciateur premier (l'émetteur), moyens bien plus nombreux et plus complexes que les études existantes ne le laissent voir, la deuxième tentant d'élucider la notion de « statut citationnel » implicite dans toutes les définitions de la maxime, et explicite dans les plus récentes.

La définition linguistique, qui se situe au centre de nos préoccupations, a un double but : d'une part identifier et classer la maxime au moyen de critères formels, et permettre, d'autre part, de reconnaître et d'isoler la maxime enchâssée.

Le statut citationnel de la formule dépend, lui, de deux paramètres dont un est trop souvent oublié. En effet, un énoncé « citable » l'est en fonction de deux facteurs nécessaires : l'intention de l'émetteur, qui le *destine* à la citation, et l'acceptation du récepteur, qui le *sélectionne* pour la citation, puis *le cite*. Si la motivation du récepteur et ses démarches ont déjà fait l'objet d'études minutieuses, la production du texte destiné à la citation, et dont le statut citationnel est garanti par la structure et par le choix des moyens stylistiques et argumentatifs, n'a en revanche presque pas été étudié.

Nous essaierons, dans ce qui suit, de combler cette lacune et, à travers des exemples représentatifs, de donner un tableau plus complet des possibilités du genre : sa force stylistique, ses valeurs argumentatives et pragmatiques.

L'opposition continu/discontinu est un autre carrefour au centre duquel se placent les formes brèves, et ce contraste se présente à deux niveaux différents : discontinu de l'énoncé lui-même, isolé, isolable et/ou autonome d'une part; d'autre part rupture dans le texte qui englobe l'énoncé et dans lequel on a pratiqué une incision afin de l'y greffer. Le premier type de discontinuité caractérise de la même manière la maxime indépendante et la maxime enchâssée; le deuxième concerne, bien évidemment, la seule maxime enchâssée.

La maxime indépendante se présente généralement recueillie en volume divisé en chapitres ou organisé par thèmes, comme chez les maximistes des XVIIᵉ et XVIIIᵉ siècles. S'il reflète dans sa totalité une certaine philosophie, ce genre d'ouvrage ne présente, en revanche, aucune unité structurelle : sans organisation interne nécessaire (l'ordre des sujets traités étant totalement arbitraire), il n'a ni commencement, ni développement d'aucune sorte, ni fin; il ne crée aucune tension et ne contient pas d'argumentation; ses éléments composants se laissent intervertir sans perte et sans gain significatifs et leur nombre n'a aucune incidence sur l'effet final de l'œuvre : rien n'empêche l'auteur d'en ajouter ou d'en supprimer à son gré, comme le prouvent les différentes versions du recueil des *Maximes* de La Rochefoucauld, ou des *Caractères* de La Bruyère, à propos desquels Ch.-M. des Granges remarque qu'« il est impossible, quelque bonne volonté ou quelque subtilité qu'on y apporte, d''(y) trouver une suite [16] [...] ». A l'intérieur d'un même chapitre une maxime n'est pas complémentaire de celle qui la précède ou lui succède : elle ne prolonge pas la réflexion, mais la recommence à l'infini.

Tel n'est plus le cas pour la maxime enchâssée dans un discours continu. Le fonctionnement de celle-ci est en quelque sorte paradoxal, puisque, d'une part, elle reste, de par sa nature, un énoncé achevé, isolable et par conséquent discontinu, et, d'autre part, habilement intégrée à son support contextuel, elle peut y devenir un élément nécessaire assumant une fonction définie. Prémisse ou conclusion d'un raisonnement, elle garde son autonomie linguistique tout en s'inscrivant, en même temps, dans un développement logique qui lui assigne une place fixe et un rôle précis. La forme brève enchâssée ne peut donc plus être déplacée à volonté dans le texte : fondue dans celui-ci au moyen de chevilles linguistiques, devenue le chaînon nécessaire d'un raisonnement, elle ne peut plus être supprimée sans perte de sens.

Il importe de noter, toutefois, que la maxime créée initialement comme un énoncé indépendant et présentée au lecteur dans un recueil, acquiert, par sa citation dans un texte continu, toutes les caractéristiques fonctionnelles de la maxime enchâssée. Ce mouvement se fait d'ailleurs dans les deux

---

16. Ch.-M. des Granges et J. Baudout, *Histoire de la littérature française*, Paris, Hatier, 1947, p. 452.

sens, puisque la maxime enchâssée peut, elle aussi, être isolée et citée, grâce à sa nature d'expression autonome, comme une pensée indépendante. Cette double aptitude fonctionnelle se fonde sur une identité de structure qui nous permettra de les étudier ensemble dans les chapitres suivants.

Cet ouvrage aura pour corpus des œuvres du XVIIe siècle et ce choix n'étonnera personne et ne demande guère d'explication, l'âge d'or du classicisme étant aussi l'âge d'or de la maxime; elle y règne, genre littéraire indépendant ou enchâssé dans les œuvres les plus connues, comme moyen stylistique privilégié. Chacun des auteurs cités ici, La Rochefoucauld, La Bruyère, Pascal, La Fontaine, Corneille, Racine et Molière, a créé des centaines de maximes; mais leurs œuvres, sommets du genre, représentent l'aboutissement d'une passion qui ne faiblit pas du XVIe à la fin du XVIIe siècle. Peu avant La Rochefoucauld, et même parallèlement à lui et à la maxime mondaine, des œuvres d'hommes d'église (catholiques aussi bien que protestants) font alterner de courtes dissertations morales (conversations) avec les formules sentencieuses. Nicolas Coëffeteau, à sa mort évêque de Marseille, est l'auteur d'un *Tableau des passions humaines, de leurs causes et de leurs effets*. L'homme et ses passions sont aussi au centre des ouvrages du P. Senault, prédicateur célèbre (*L'Usage des passions*), du P. Lemoyne, jésuite (*Les Peintures morales*), de Gomberville (*Le Doctrinal des mœurs*) ou de la *Morale chrétienne* du pasteur protestant Moïse Amyraut.

Parmi les contemporains des grands maximistes laïcs la réflexion religieuse nourrit encore les écrits de l'abbé Esprit, des auteurs protestants La Placette et Jacques Abadie, et du plus grand, du plus admiré de tous, Blaise Pascal.

Dans les salons, le chevalier de Méré (*Conversations, Lettres*), Mlle de Scudéry (*La Morale du monde* ou les *Conversations*), Mlle de Sablé (*Maximes*), François de La Rochefoucauld lui-même, engagé avec ses amies, Mme de Lafayette et Mme de Sévigné, en un dialogue sans fin sur « l'homme intérieur », portent ce qui n'avait d'abord été qu'un jeu, à la perfection du chef-d'œuvre littéraire.

Une telle prolificité offre au chercheur de nombreux avantages outre celui, bien évident, de la quantité : des auteurs pratiquant le genre sur une échelle aussi étendue se doivent nécessairement de varier l'expression, de perfectionner les structures, d'explorer et d'innover, bref de mettre en œuvre des trésors d'ingéniosité. Une analyse de leurs créations constitue, de ce point de vue, une expérience littéraire unique : non seulement elle offre un tableau détaillé des caractéristiques et des techniques du genre, mais elle permet parfois de reconstituer la démarche du maximiste à la recherche de la solution stylistique ou argumentative la plus originale possible. Si la fin du XVIIe siècle coïncide en France, selon l'opinion de certains historiens de la littérature [17], avec le crépuscule de la maxime-genre indépendant, ce n'est pas tant parce que la fréquence de celle-ci a faibli, mais plutôt parce que, en se faisant plus rare, la formule « bien frappée » a perdu de son caractère expérimental et novateur [18].

Un problème très spécial se pose en effet pour la composition des maximes en recueil. Il n'y a pratiquement pas d'autre exemple d'œuvre où chaque composante, sans exception, requière l'excellence. Dans le recueil, la maxime suit la maxime, et, plus l'une est réussie, plus la suivante doit être soignée afin de ne pas se laisser éclipser. Le recueil de maximes est un perpétuel défi : de la première à la dernière page, il relève la formidable gageure de tenir le lecteur en éveil et d'obtenir de lui, pour chaque phrase, une attention qui ne faiblit point. Aussi chaque maxime est-elle travaillée, ciselée comme un bijou, et c'est pour cela que, en parlant de ces œuvres, on a pu employer la métaphore « bouquets de fleurs et colliers de perles [19] ».

Mais les œuvres qui constituent notre corpus offrent bien plus qu'une collection de chefs-d'œuvre esthétiques : elles montrent l'auteur à l'œuvre et découvrent la réflexion théorique qui préside à la création. Au XVIIe siècle, en effet, la maxime parle de soi non seulement dans les dictionnaires, mais autant, et plus, dans les œuvres qui lui servent de support : elle se nomme, s'identifie et se définit.

Une étude – fût-elle théorique – reposant sur des œuvres du XVIIe siècle est nécessairement une étude sur un certain aspect de la littérature classique. Nombre de traits de la maxime présentés dans cet ouvrage – son

---

17. Cf. A. Adam, *Histoire de la littérature française au XVIIe siècle*, Paris, del Duca, t. IV, 1958 et Pierre Clarac, *L'Age classique*, t. II : 1660-1680, Paris, Artaud, 1969, pp.155-60.

18. Voltaire écrit, dans *Le Siècle de Louis XIV* (Paris, Garnier-Flammarion, 1966, t. 2, « Des beaux-arts », p. 57) : « La route était difficile au commencement du siècle, parce que personne n'y avait marché ; elle l'est aujourd'hui parce qu'elle a été battue. »

19. En publiant un choix d'extraits de Sénèque, Erasme lui donne pour titre *Flores Senecae* ; l'image du recueil-bouquet, lexicalisée dans anthologie et florilège, se change ailleurs, avec plus de force expressive, en collection de pierres précieuses exquises. La forme brève en tant qu'ornatus est aussi comparée à la broderie embellissant les vêtements. En parlant de l'emploi de ces métaphores dans les recueils du XVIe siècle, C. Balavoine intitule son article « Bouquets de fleurs et colliers de perles. » (in *Les Formes brèves de la prose et le discours discontinu*, Paris, Vrin, 1984, pp.51-71).

emploi systématique dans le théâtre notamment – sont caractéristiques de cette période. Mais à travers l'analyse que nous proposons ici nous croyons pouvoir dégager des constantes qui restent vraies pour la description du genre et de son fonctionnement à toutes les époques. Si l'usage pragmatique que l'on peut en faire diffère selon les buts de l'œuvre et les exigences du temps (cf. par exemple le rôle de la maxime chez Proust), sa définition et sa structure linguistique restent les mêmes : connaître la maxime du XVIIe siècle, c'est tout simplement connaître la maxime.

LA MAXIME : TERME GENERIQUE
POUR LES FORMES BREVES SAVANTES

Dans sa *Rhétorique*, Aristote emploie, pour les formes brèves destinées à la citation, le terme *gnômé*. « Mot ambigu », remarque A. Compagnon, « puisqu'il signifie tout à la fois le sentiment, la pensée et la sentence, la maxime, l'expression discursive mais non figée d'une pensée, une décision rationnelle [20] ». Le terme couvre deux types de formules : *paroimia* ou proverbe et *apophtegma* ou apophtegme, dont Aristote ne donne qu'un seul exemple [21]. La *gnômé* fait l'objet d'un chapitre du livre II de la *Rhétorique* et elle y est définie comme une formule exprimant « non pas les particuliers [...] mais le général ; et non toute espèce de généralité, mais seulement celles qui ont pour objet des actions [22] [...] ». Quintilien, dans *L'Institution oratoire* traduit la *gnômé* par *sententia* [23]. Etymologiquement, le mot dérive du verbe *sentio*, qui signifie « percevoir par les sens » et « percevoir par l'esprit ou l'intelligence ». Ce deuxième sens, qui a permis son insertion à la langue juridique, *sententia* : jugement – a glissé ensuite, dans la terminologie de la rhétorique, vers

---

20. A. Compagnon, *La Seconde Main ou le travail de la citation*, Paris, Seuil, 1979, p. 127.

21. Il s'agit d'une phrase de Stésichore qu'Aristote (*Rhétorique*, II, 21, 1395a 162 ; III, 11, 1412a 24) cite à plusieurs reprises : « L'on ne doit pas être insolent si l'on ne veut pas que ses cigales chantent à terre. » La phrase est censée exprimer, sous cette forme énigmatique, l'avertissement suivant : l'insolence attirera les ennemis qui abattront les arbres sur les domaines de l'offenseur (on remarquera le transfert du possessif de *terre* à *cigales* : ses cigales) et les cigales n'y chanteront plus du tout, car elles chantent sur les arbres et non à terre. Le caractère de devinette du seul exemple donné par Aristote a conduit certains auteurs à penser que, originellement, l'apophtegme était une énigme, alors qu'elle n'était peut-être (comme à l'époque classique ou de nos jours) que la parole mémorable d'une personne illustre, prenant, dans ce cas spécifique, une forme sibylline.

22. II, 21, 1394a 24.

23. Quintilien, *Institution oratoire*, VIII, 5, 3.

« l'idée émise, la pensée exprimée, puis la phrase, un trait de phrase, et enfin la sentence ou la maxime [24] ». A l'origine, selon Quintilien, la sentence était un terme générique pour des espèces diverses, mais qui toutes satisfaisaient à cette condition : « une parole universelle qui, même hors du sujet auquel elle est liée, peut être citée [25] ».

Argument logique (Aristote), témoignage (Aristote et Quintilien) ou simple ornement (à partir de Cicéron), la sentence/maxime (puisque les deux termes traduisent également la *maxima sententia* du latin médiéval) se définit comme une formule à portée générale et à statut citationnel.

Dans une lettre à Montesquiou, Proust écrivait : « Je crois [...] que pour Baudelaire et pour vous on pourrait montrer comme vous tenez, et pas pour s'amuser à un paradoxe, du XVIIe le goût des maximes, l'habitude, perdue, de penser en vers [26] ». Proust constate donc une continuité dans l'emploi de la maxime du siècle classique à son temps, en passant par des auteurs de la meilleure qualité, (Baudelaire, sans doute, et par flatterie, Montesquiou). Plusieurs points sont à signaler dans cette remarque : 1. Proust associe, dans son esprit, le genre de la maxime au XVIIe siècle; 2. il emploie le terme *maxime* comme générique pour toutes les formes sentencieuses que pratiquaient les auteurs du XVIIe siècle; 3. la maxime est mentionnée ici non pas en tant que genre littéraire indépendant, mais comme un élément intégré à un discours continu qui le dépasse et l'englobe; 4. il inclut dans la classe la maxime versifiée, que la critique ignore très souvent. Par ces idées, Proust est, en effet, représentatif des idées du XXe siècle. La critique, de nos jours, emploie indifféremment *maxime* et *sentence*, avec, selon les auteurs, une préférence apparemment arbitraire pour l'un ou l'autre terme. Ainsi, J. Schérer, dans un ouvrage sur le théâtre classique qui fait autorité [27], influencé peut-être par un livre en anglais, *The Sententiae in the Dramas of Corneille* [28], emploie exclusivement sentence, ce qui ne laisse pas d'étonner, étant donné que ce terme ne figure jamais dans les textes mêmes, alors que le

---

24. A. Compagnon, *op. cit.*, p. 139.

25. Traduction de la définition latine : « Vox universalis quae etiam citra complexum causae possit essere laudabilis », citée par Compagnon, p. 144.

26. Cf. note 6.

27. J. Schérer, *La Dramaturgie classique en France*, Paris, Nizet, 1962.

28. W. L. Schwartz et C.B.Olsen, *The Sententiae in the Dramas of Corneille*, San Francisco, Stanford University Press, 1939.

mot *maxime* apparaît non seulement chez La Rochefoucauld et La Bruyère parlant de leurs oeuvres, mais aussi dans le théâtre classique qui,
comme on le verra plus loin, indique les classes des proverbes, maximes
et préceptes, en les désignant par leurs noms. Quand, en parlant du
XVIIᵉ siècle, des termes autres (tels que *adage, aphorisme, apophtegme,
dicton, réflexion*) apparaissent dans le texte, c'est en général afin d'éviter
la répétition abusive des deux génériques et sans aucun souci pour les différences subtiles de sens qui devraient permettre la distinction entre ces
notions. De nombreuses études ont tenté de tracer les limites entre ces
genres et de suivre leur évolution du latin à nos jours, en passant par les
traductions françaises des textes antiques, par les oeuvres originales du
XVIᵉ et par l'époque de gloire du genre : le XVIIᵉ siècle. « Effort voué
dès le départ à l'échec, en raison des passages inévitables entre des catégories voisines qui se recouvrent partiellement, constate J. Lafond, et on
sait la difficulté qu'ont eue très souvent les moralistes eux-mêmes à préciser le terme qui convenait à leur oeuvre [29] ». En effet, à en juger d'après
le *Dictionnaire de l'Académie*, les termes désignant les différentes formes
gnomiques passaient déjà pour synonymes au XVIIᵉ siècle :

> *maxime* : proposition générale qui sert de principe, de règle en quelque
> art ou science.
> *adage* : proverbe. Il n'est guère en usage qu'en cette phrase : les
> « Adages d'Erasme. »
> *apophtegme* : dit noble de quelque personne illustre. Il se dit aussi de
> tout discours qui a l'air de sentence ou de maxime.
> *dit* : bon mot, apophtegme.
> *dicton* : proverbe, dit commun.
> *sentence* : dit mémorable, apophtegme, maxime qui renferme un grand
> sens, une belle moralité.

Les mêmes définitions, à quelques détails près, figurent chez Furetière.
Ces dictionnaires, ainsi que celui de Thomas Corneille, indiquent que la
pensée n'est pas encore un genre littéraire à cette époque, où elle signifie,
littéralement « production de l'esprit qui pense ; ce qu'on pense ». Ce
sont les éditeurs de Pascal, en 1670, qui, en donnant pour titre *Pensées*
aux notes que l'écrivain avait laissées non rédigées, imposent le vocable
comme un synonyme supplémentaire des termes déjà énumérés.

---

29. J. Lafond, « Des formes brèves de la littérature morale au XVIᵉ et XVIIᵉ siècles » in *Les
Formes brèves de la prose et le discours discontinu*, p. 101.

Les définitions ci-dessus traversent les siècles, se répétant, inchangées, de dictionnaire en dictionnaire. On les retrouve, les mêmes presque mot pour mot, dans le *Littré*, qui croit pourtant pouvoir établir une différence entre *maxime* et *sentence* (entrée *maxime*) :

> La maxime est une proposition importante qui sert de règle dans la conduite ; ce qui domine dans la signification de ce mot c'est la grandeur. La sentence est une proposition courte qui instruit et enseigne ; ce qui domine dans la signification de ce mot c'est l'idée d'opinion, de manière de voir.

Cette distinction montre bien la difficulté de fonder le classement différentiel des diverses formules sur des critères aussi vagues et aussi subjectifs. En réalité, ce qui recommande la maxime à la fonction générique c'est, comme son étymologie l'indique : *maxima* (*sententia*), sa capacité de renfermer la vérité la plus générale dans l'expression la plus économique. Cette concision (*brevitas*, qui d'ailleurs n'est pas, elle non plus, un trait dénotatif nécessaire du genre) implique indirectement une grande planification stylistique, dont les corollaires sont généralement l'élégance et l'originalité ; elle devient par ailleurs son principal caractère distinctif, qui l'oppose à *sentence*, dont le sens premier, jugement, souligne davantage l'autorité dont la formule est investie.

Le XVIIᵉ siècle semble avoir hésité quant au choix d'un terme générique. L'origine des *Maximes* de La Rochefoucauld, comme de celles de Mme de Sablé, doit être cherchée dans les jeux de la société précieuse : le jeu des proverbes, le jeu des questions d'amour, le jeu des portraits. En mettant à la mode un jeu nouveau, La Rochefoucauld l'appelle d'abord « le jeu des sentences ». Son premier recueil, anonyme, paru à La Haye chez Jean et Daniel Steuker était intitulé *Sentences et maximes morales* ; puis la même année, il publia sous son nom *Réflexions ou sentences et maximes morales*. La juxtaposition des deux termes dans le titre semble prouver qu'il distinguait entre les deux et il serait intéressant de savoir de quelle manière. Malheureusement, il ne s'est pas expliqué sur la question et toutes les raisons que l'on pourrait en trouver aujourd'hui restent conjecturales. Ainsi, dans la préface à l'édition « Classiques Larousse » des *Maximes* publiée par ses soins, J.-P. Caput attribue la distinction au fait qu'au XVIIᵉ siècle la sentence « se rapprochait de l'expression d'une observation », alors que « la maxime [était] prescriptive [30] ». Cette explication

---

30. F. de La Rochefoucauld, *Maximes et réflexions diverses*, Paris, Larousse, 1975, « Notice », p. 10.

n'est pas valable pourtant puisque, ainsi que Caput lui-même le remarque peu après, les formules de La Rochefoucauld ne sont presque jamais prescriptives. Toujours est-il que, en parlant de ses réflexions dans une de ses propres maximes, l'auteur se sert précisément du mot *maxime* alors que le mot *sentence* n'apparaît nulle part dans le recueil.

> Ce qui fait tant disputer contre les *maximes* qui découvrent le cœur de l'homme, c'est que l'on craint d'y être découvert. (LR., 524).

C'est aussi le terme qu'emploie La Bruyère (l'opposant en tant que genre à celui du portrait) dans la préface aux *Caractères* et à l'intérieur de l'œuvre :

> Vivre avec ses ennemis comme s'ils devaient un jour être nos amis, et vivre avec nos amis comme s'ils pouvaient devenir nos ennemis, [...] n'est point une *maxime* morale, mais politique. (LB., IV, 55).
> « Il faut faire comme les autres » : *maxime* suspecte, qui signifie presque toujours : « Il faut mal faire [...] » (LB., XII, 10).

Dans le premier de ces deux exemples La Bruyère touche à un point intéressant : assez curieusement, le caractère moral de la maxime, mentionné par toutes les définitions modernes, n'est pas évoqué dans celles du XVIIᵉ. Un autre point dont les définitions (classiques et modernes) ne rendent pas compte clairement c'est que le mot connaît deux acceptions distinctes, l'une dans le langage courant, synonyme de loi, règle, principe moral et/ou vérité générale [31], l'autre, terme spécialisé, désignant le genre littéraire. Or, le terme *maxime* se référant aux principes et règles gouvernant la conduite semble de nos jours être sorti de l'usage [32], alors qu'il était encore bien vivant au XVIIᵉ siècle. Il présente même une assez grande fréquence dans le théâtre classique : on peut, par exemple, le relever trois fois dans *Le Tartuffe*. Dès la première scène, en effet, Mme Pernelle reproche à Cléante ses idées libérales sur la vie :

> Sans cesse vous prêchez des *maximes* de vivre
> Qui par d'honnêtes gens ne se doivent point suivre.

Aux maximes de Cléante que partage toute la famille, Orgon excepté, Dorine oppose celles de Tartuffe :

31. Vaugelas emploie *maxime* pour « règle grammaticale » ; cf. la « Table » (index) des *Remarques sur la langue française* (1664, 2ᵉ édition, C) : « Maxime touchant la Cacophonie, ou le mauvais son. »

32. Le *T.L.F.* offre cependant deux exemples du XXᵉ siècle.

> S'il le faut écouter et croire à ses *maximes*,
> On ne peut faire rien qu'on ne fasse des crimes. (I, 1)

Enfin, quand, incité par Tartuffe, Orgon déshérite son fils, Cléante demande en vertu de quelle loi chrétienne il agit :

> Car, enfin, le vrai zèle a-t-il quelque *maxime*
> Qui montre à dépouiller l'héritier légitime? (IV, 1)

Le terme est employé dans la même acception de « loi », mais loi politique cette fois-ci, dans *Bérénice*. Paulin avertit Titus que le mariage de l'empereur avec une étrangère est interdit par la loi romaine :

> Rome, par une loi qui ne peut se changer,
> N'admet avec son sang aucun sang étranger,
> Et ne reconnaît point les fruits illégitimes
> Qui naissent d'un hymen contraire à ses *maximes*. (II, 2)

Dans *L'Ecole des femmes*, en revanche, *maxime* est synonyme d'*opinion* : la femme habile, selon Arnolphe, est « une bête » :

> Son bel esprit lui sert à railler nos *maximes*, (des maris)
> A se faire souvent des vertus de ses crimes. (III, 3)

La maxime-règle de conduite est illustrée de manière édifiante par l'opuscule qu'Arnolphe donne à lire à Agnès en vue de leur mariage prochain. Le titre : *Les Maximes du mariage* laisse penser qu'il s'agit des principes qui doivent gouverner les conjoints, mais le sous-titre : *Les devoirs de la femme mariée, Avec son exercice journalier* vient rapidement donner au mot *maxime* un synonyme différent : devoir ou obligation. Agnès n'en lit que les dix premiers articles, qui à l'examen, se révèlent être tous des préceptes [33]. Il importe de noter que les autres termes présentés par les dictionnaires comme synonymes de *maxime* : aphorisme, adage, apophtegme, sentence, etc., ne sont jamais mentionnés dans ces œuvres. Boileau, qui pratique la gamme la plus étendue de maximes, avec un usage particulièrement abondant de préceptes, identifie toutefois ces derniers comme genre distinct :

> Son exemple [le mauvais médecin devenu excellent architecte [34]] est pour nous un *précepte* excellent.
> Soyez plutôt maçon, si c'est votre talent,
> Ouvrier estimé dans un art nécessaire,
> Qu'écrivain du commun et poète vulgaire (B., IV, v.25-8).

---

33. Sur le précepte, voir le chapitre « Deux sous-catégories majeures de la maxime » ci-dessous.

34. Allusion à Claude Perrault, frère de Charles Perrault.

Plus loin, il donne en exemple au lecteur l'œuvre didactique d'Hésiode :

> [...] partout des esprits ses *préceptes* vainqueurs,
> Introduits par l'oreille, entrèrent dans les cœurs. (B., IV, v.161-2).

Mais les occurrences les plus intéressantes de notre point de vue sont celles où le terme réfère non seulement au contenu de la proposition (règle, opinion, principe, loi) mais identifie celle-ci comme une actualisation du genre. Dans ces cas, le référent du terme n'est plus abstrait ni vague, mais très précisément la phrase qui le précède ou qui le suit et qui correspond, effectivement, à la définition de la maxime. En voici un exemple tiré de *La Mort de César* de Scudéry [35] :

> La plus forte raison peut souvent sommeiller
> Et notre propre sens n'est pas bon conseiller;
> Notre esprit contre nous a des forces extrêmes;
> Nous voyons en autrui beaucoup mieux qu'en nous-mêmes;
> Et qui veut se sauver d'un si dangereux pas
> Doit croire ses amis et ne se croire pas.
> Je fonde mon repos dessus cette *maxime* (III, 1).

Corneille indique souvent ses maximes comme telles.
Dans *Pompée* :

> PHOTIN
> Quand on craint d'être injuste, on a toujours à craindre
> Et qui veut tout pouvoir doit oser tout enfreindre.
> [...]
> C'est là mon sentiment. Achillas et Septime
> S'attacheront peut-être à quelque autre *maxime* [...] (I, 1)

Dans *La Place royale* :

> ANGÉLIQUE
> Qui veut tout retenir laisse tout échapper.
>
> PHYLIS
> Défais-toi, défais-toi de tes fausses *maximes* [...] (I, 1)

Dans *Polyeucte* :

> FÉLIX
> [...] Tous chrétiens sont rebelles.
>
> PAULINE
> N'écoutez point pour lui [Polyeucte] ces *maximes* cruelles. (III, 3)

---

35. Cité par J. Schérer, *op. cit.*, p. 331, à un autre propos.

Ainsi la première leçon sur la forme de la *maxime* nous est donnée par ceux-là mêmes qui les créent. Avant même de dégager les lois formelles qui nous permettront de les isoler dans le texte qui les enchâsse, certaines maximes nous sont signalées par l'auteur même et indiquées comme telles par les personnages qui sont censés les énoncer.

Le XVIIe siècle s'est donc prononcé pour le choix de maxime comme terme générique sinon explicitement, dans les écrits théoriques, du moins implicitement, dans les œuvres mêmes. Bien que la confusion quant au vocable approprié à chacune des formes brèves se soit prolongée après l'époque classique, l'emploi du générique *maxime* semble solidement justifié aujourd'hui. La création, au XIXe siècle, du verbe *maximer* : « faire maxime de » (Littré), « donner la valeur de règle générale » (*T.L.F.*), montre bien que le terme a été sélectionné, en français, comme hypéronyme des noms des genres brefs. Il est intéressant d'ailleurs que, dans d'autres pays et à d'autres époques, d'autres termes aient été préférés. En Angleterre, au XIXe siècle, Jane Austen emploie encore *maxime* dans les deux sens (opinion, conviction et la phrase qui l'exprime)[36]. Mais les ouvrages théoriques et critiques semblent opter en anglais pour la forme latine de *sentence* : *sententia*. Certains philosophes allemands (Nietzsche et Lichtenberg notamment) opposent, très arbitrairement et sans que les termes eux-mêmes corroborent ce contraste, l'aphorisme philosophique à la maxime (selon eux) mondaine et superficielle. En russe *aphorisme* sert de nom générique pour toutes les phrases sentencieuses, la plupart des termes voisins n'existant pas dans cette langue[37].

Le mot *proverbe* a servi aussi très longtemps de générique pour les formes brèves (parémiques) et occasionnellement il est encore employé dans cette acception. Ainsi, dans un article consacré à la structure du proverbe, G. B. Milner cite à ce propos « la pléthore de termes qui désignent ces figures de rhétorique (les énoncés parémiques) : dit, dicton, adage, maxime, morale, sentence, devise, slogan, axiome, proverbe, précepte, apophtegme, épigramme[38] » et donne, mêlées à des exemples de proverbes des diverses nations, des phrases qui, dans le présent ouvrage, seront classées comme

---

36. Le mot apparaît trois fois, par exemple, dans *Sense* and *Sensibility*, avec cette double signification.

37. Cf. l'emploi de *aphorisme* comme terme générique dans la thèse (inédite) de M.N. Yelenevskaya, *The Structure and Function of Aphorisms* (Leningrad State Pedagogical Institute, 1983).

38. G.B. Milner, « De l'armature des locutions proverbiales. Essai de taxonomie sémantique », in *L'Homme*, IX-3, juillet-septembre 1969, p. 50.

apophtegmes. Dans l'introduction à une édition anglaise des *Adages* d'Erasme, R.A.B. Mynors emploie le terme *proverbe* comme générique, tout en constatant qu'il diffère « d'autres formes qui semblent (pourtant) s'en rapprocher beaucoup » : sentences, aphorismes, fables et apophtegmes [39].

Aussi, quand on parle de la difficulté de définir le proverbe, la remarque porte-t-elle, le plus souvent, sur l'ensemble des formes brèves, à propos desquelles il a été constaté plus d'une fois qu'elles ne se laissent ni cerner ni déterminer clairement.

Mais le critique et le linguiste se doivent de toujours revenir à la charge, puisque, ainsi que le constatent à la fois Taylor, Whiting et Meschonnic, « on reconnaît les proverbes [40] ». Or, ce que l'on reconnaît intuitivement doit pouvoir se décrire formellement, ou du moins être distingué parmi des formes apparentées. Les études à caractère historique ont tenté plus d'une fois de découvrir les traits distinctifs des divers genres brefs en fonction de plusieurs critères : nature du message (philosophique ou pratique; enseignement, fruit de l'expérience, règle de conduite, etc.), techniques (sens littéral, métaphore, métaphore incomplète, etc.), structure (binaire, quadripartite, analogie), dimension (*brevitas*), acte de discours (simple constatation, avertissement, injonction) ou rôle citationnel (preuve, témoignage, illustration, renforcement de parole, argument, ornement). A défaut de traits dénotatifs permettant la définition positive, certains auteurs tentent une définition négative (ce que le phénomène étudié *n'est pas* et les autres formes sont). Leurs conclusions ne coïncident pas toujours et sont même souvent contradictoires. C'est pourquoi, dans les pages qui suivent, nous essaierons de nous en tenir aux faits objectifs : le terme *maxime* sera adopté comme générique pour les formes brèves cultivées par un choix qui, nous espérons, paraîtra bientôt justifié, et notre effort sera dirigé surtout vers la définition de la classe dans son ensemble et non vers les particularités qui opposent les diverses composantes. Mais, avant d'entamer la description de l'aire de la maxime, il convient d'en éliminer, d'emblée, les notions qui tout en s'en rapprochant, ne s'y rattachent pas.

39. R.A.B. Mynors, « Introduction » to the *Collected Works of Erasmus. Adages*, Toronto/Buffalo/London, University of Toronto Press, 1982, p. 7.

40. H. Meschonnic, « Les proverbes, actes de discours », in *Revue des Sciences Humaines*, N°.163, 1976, p. 420.

CHAPITRE II

FORMES APPARENTEES

PROVERBE ET MAXIME

Il semblerait que le départ entre le proverbe et les autres genres brefs soit le plus facile à opérer. Cette distinction a d'ailleurs été faite dès l'Antiquité. Les philosophes grecs (Aristote, Demetrius Phalereus [41], etc.) voyaient dans le proverbe un héritage collectif, différent en cela de la maxime qui, elle, représentait pour eux « la réflexion et la composition d'un homme sage [42] » (Aristote).

Le proverbe, dans le sens strict du terme (*paroimia*) est donc une forme de création populaire, alors que la plupart des autres formes brèves représentent des genres cultivés ou savants. Au XVIIᵉ siècle, le Père Bouhours, dans sa *Manière de bien penser* (1687), remarquait que « les sentences sont les proverbes des honnêtes gens comme les proverbes sont les sentences du peuple [43] ». Cette idée concernant la paternité traverse les siècles, constituant le premier et le plus important critère de distinction entre le proverbe et la maxime. De nos jours encore, V.-L. Saulnier définit la maxime comme « un proverbe savant [44] ».

Cette opinion avait certainement cours à l'époque classique. Certes, le XVIIᵉ siècle manifeste un moindre intérêt théorique pour les formes brèves que le siècle précédent, mais ce n'est sans doute pas un hasard si Boileau ne mentionne même pas le proverbe dans *L'Art poétique* : ainsi que plus tard Voltaire, la plupart des auteurs classiques considèrent que

---

41. *Demetrius on Style*, ed. by W. Rhys Roberts (Cambridge, 1902), cité par B.J. Whiting, « The Nature of the Proverb », in *Harvard Studies and Notes in Philology and Literature*, 14, 1932, p. 278.

42. Cité par B.J. Whiting, *op. cit.*, p. 277.

43. M. Maloux, *op. cit.*, p.X.

44. V.-L. Saulnier, *Proverbe et paradoxe du XVIe au XVIIe siècle*, cité par M. Maloux, op. cit., p. VI.

« les maximes [...] sont faites pour les hommes d'esprit et de goût, pour la bonne compagnie. Les proverbes ne sont que pour le vulgaire [45] ». La remarque est intéressante parce qu'elle établit une symétrie entre l'origine vulgaire (dans le sens étymologique du mot), du proverbe et son public présumé ; dans cette même optique la maxime, forme noble et savante, produite par des êtres nobles et savants, s'adresserait, elle, exclusivement à un public raffiné et cultivé. Le contraste entre le niveau intellectuel du destinataire virtuel du proverbe et de celui de la maxime est impliqué aussi dans les remarques du type : « le proverbe éclaire la vie pratique, la sentence (maxime) fait réfléchir [46] ».

La manière dont les écrivains classiques regardaient le proverbe est illustrée par le rôle et la place qu'ils assignaient à la formule dans leurs écrits. Les proverbes y sont souvent cités, notamment au théâtre et plus particulièrement dans la comédie, mais ils sont prononcés presque toujours par des serviteurs. Ils y apparaissent comme l'expression d'une morale simple et solide, fruit du bon sens ; mais tout en valorisant le contenu, ces œuvres en déprécient la forme figée, envisagée comme un moyen d'expression commun excluant la pensée individuelle et réservé, pour cette raison, aux ignorants. Ainsi, dans *Les Femmes savantes*, Martine, la domestique, ne s'explique jamais qu'au moyen d'expressions toutes faites, en estropiant d'ailleurs les mots et avec force fautes de grammaire. Quand Chrysale lui demande pourquoi Philaminte veut la renvoyer, elle répond :

Qui veut noyer son chien l'accuse de la rage. (II, 5)

Tient-elle à appuyer Chrysale contre sa femme dans le différend concernant le mariage d'Henriette, son argument sera aussi un proverbe :

La poule ne doit pas chanter devant le coq. (V, 3)

La simplicité de Martine est pourtant avantageusement mise en opposition avec les élucubrations des précieuses. Le désaccord idéologique entre les maîtresses et la servante se matérialise ici en un conflit entre les proverbes de Martine (« Des mots estropiés, cousus par intervalles/de proverbes traînés dans les ruisseaux des Halles », selon Philaminte) et les maximes des précieuses que Martine, preuve supplémentaire de son ignorance, appelle « dictons » :

45. Voltaire cité par M. Maloux, *op. cit.*, p. X.
46. *Ibid.*, p. VI.

Quand on se fait entendre, on parle toujours bien,
Et tous vos biaux dictons ne servent pas de rien. (II, 6)

« Parler proverbe » est une expression péjorative au XVIIe siècle signifiant « les façons de parler triviales et communes qui sont dans la bouche
de toutes sortes de personnes [47] ». Aussi sont-ce d'habitude les serviteurs
et les valets qui ont recours au proverbe ou au cliché dans les situations
les plus diverses :

PETIT JEAN (R., *Les Plaideurs*)
Tel qui rit vendredi, dimanche pleurera. (I, 1)
Point d'argent, point de Suisse. (I, 1)
Qui veut voyager loin ménage sa monture. (I, 1)
On ne court pas deux lièvres à la fois. (III, 3)

Souvent le proverbe est indiqué comme tel par une proposition incise,
toujours la même : « comme on dit ».

CLITON (C., *Le Menteur*)
Et le jeu, comme on dit, n'en vaut pas les chandelles. (I, 1)
Toutes tierces, dit-on, sont bonnes ou mauvaises. (V, 4)

SABINE (*Le Menteur*) :
Elle tient, comme on dit, le loup par les oreilles [48]. (IV, 7)

L'emploi du proverbe est par ailleurs attribué, trait caractéristique
péjoratif, aux vieux radoteurs ou aux personnages ridicules :

MME PERNELLE (M., *Le Tartuffe*) :
[...] il n'est, comme on dit, pire eau que l'eau qui dort. (I, 1)

ARNOLPHE (M., *L'Ecole des femmes*) :
Et chacun à son tour, comme dit le proverbe. (V, 8)

Afin de s'adapter au vers, le proverbe modifie quelquefois sa forme
consacrée, mais reste parfaitement reconnaissable. Cette réplique de Cliton (C., *Le Menteur*) :

[...] tenir vaut mieux mille fois que d'attendre (IV, 6)

est bien évidemment une version de « Un tiens vaut mieux que deux tu
l'auras ».

---

47. G. Cayrou, *Le Français classique*, Paris, Didier, 1948, entrée *proverbe*. Cf. aussi La Bruyère,
Les Caractères, V, 5 :
« Il faut [...] s'accommoder à tous les esprits [...] il faut laisser Aronce *parler proverbe* [...] ».

48. Une note (p. 80, note 2) dans l'édition « Classiques Larousse » du *Menteur* (édition commen-
tée par A. Cart, Paris, Larousse, c. 1933) précise qu'il s'agit de la traduction d'un proverbe latin,
signifiant « elle est dans une situation difficile ».

Ainsi, le « on dit » proverbial est opposé au « je dis » cultivé, l'idée reçue est opposée à l'opinion individuelle qui peut parfois paraître ridicule (cf. les précieuses, Trissotin, Alceste, Arsinoé), parfois banale (Orgon, Arnolphe, Chrysale) mais constitue généralement une expression originale.

Cette distinction nette et claire entre le public du proverbe et celui de la maxime disparaît de la littérature dès la fin du XVIIIe siècle ; au XXe la formule populaire et l'opinion individuelle sont souvent citées ensemble dans une même œuvre afin d'y produire les mêmes effets. *Port-Royal* de Montherlant est à ce propos un exemple particulièrement intéressant, parce que, comme certaines pièces classiques, il met en scène l'univers du XVIIe siècle, sur lequel l'auteur pose cependant le regard du XXe. La pièce est également riche en maximes et en proverbes, prononcés tous par les religieuses du couvent janséniste, nobles pour la plupart, toutes instruites et certaines savantes. Elles-mêmes et à travers elles Montherlant, écrivain intellectuel s'il en fut, ont recours autant au proverbe qu'à la maxime afin de renforcer leur argumentation.

« Bon chien chasse de race », dit la sœur Hélène de la politique de l'Archevêque. Celui-ci tient les religieuses pour hérétiques parce que « par toute la France, tout le monde » les croit et les dit hérétiques et que « il n'y a pas de fumée sans feu ». Les proverbes alternent ici avec les préceptes bibliques (Saint-Paul, *Epître aux Philippiens* : « Réjouissez-vous sans cesse en Votre-Seigneur ») et avec des maximes dignes de Pascal (« Il ne faut jamais baisser les yeux que devant Dieu » ; « La vraie piété n'arrête pas les larmes, elle les fait couler où il faut » ; « Il y a un autre Dieu que les dieux de la terre, qui se sont établis pour juger, et pour n'être jugés de personne » ; « On n'est jamais seul(e) quand on a la foi » ; « Un quart d'heure de temps devant Dieu efface beaucoup de choses qui paraissaient de grandes choses, et qui en fait ne sont rien »), ou de La Rochefoucauld (« Les faibles sont plus à craindre que les méchants » ; [...] « on peut trembler sans être ébranlé, comme on peut souffrir sans être troublé » ; « On ne quitte que ce qu'on cesse d'aimer [49] »). L'emploi des uns ou des autres est dicté par les circonstances immédiates et par le sujet de la discussion et non par l'état social de l'énonciateur et/ou du destinataire.

Il est difficile aujourd'hui de comprendre le fondement d'une telle distinction, bien qu'elle soit érigée en critère, implicitement ou explicitement, dans toutes les études sur les formes brèves. En réalité, les

49. Tous les exemples sont tirés de H. de Montherlant, *Port-Royal*, Paris, Gallimard, coll. « Livre de poche », 1954, pp. 37, 95, 81, 121, 144, 69, 142.

personnes instruites et cultivées sont autant consommatrices de proverbes que les gens du peuple, encore que cette démarcation sociale, pertinente à l'époque classique, soit à redéfinir aujourd'hui. Pourtant, R. Barthes oppose, lui aussi, le proverbe à la maxime, en vertu du critère différentiel « populaire/bourgeois » où « bourgeois » n'est pas défini et signifie en toute probabilité « signé » ou « littéraire » :

> Le proverbe populaire, ancestral, participe encore d'une saisie instrumentale du monde comme objet [...]. Le proverbe populaire prévoit beaucoup plus qu'il n'affirme, il reste la parole d'une humanité qui se fait, non qui est. L'aphorisme bourgeois, lui, appartient au métalangage. C'est un langage second qui s'exerce sur des objets déjà préparés. Sa forme classique est la maxime [50].

L'on remarquera qu'*aphorisme* est employé ici comme hypéronyme de *maxime*. Cette dernière est caractérisée, selon Barthes, par son « universalisme », un « refus d'explication », une « hiérarchie inaltérable du monde [51] ».

Certains auteurs rejettent, en revanche, la paternité comme critère distinctif entre proverbe et maxime, arguant avec raison que c'est donner ainsi une solution trop rapide à un problème très complexe. Il est difficile de nier cependant qu'une partie des différences essentielles entre les deux types d'énoncés sont dues au caractère populaire figé de l'une et au potentiel stylistique attaché à l'autre. Comme on peut le constater dans ce qui précède, non seulement on établit souvent un rapprochement entre la maxime et le proverbe, mais on a tendance à les étudier en parallèle. Or cette ligne de recherche n'est pas toujours profitable aux études sur la maxime, qui représente, à bien des points de vue, un phénomène totalement différent du proverbe. En effet, dès que l'on abandonne une certaine similarité formelle (phrase pour le proverbe, phrase ou unité de discours pour la maxime) et thématique (expression d'une vérité réputée générale, ou plutôt se donnant pour générale), on s'aperçoit que le statut linguistique des deux formes est loin d'être le même. Le proverbe est une forme figée, au même titre que ses contreparties non propositionnelles, les clichés. Apprendre une langue signifie apprendre ses clichés et ses proverbes aussi bien que ses mots. En effet, à un certain moment du développement d'une langue, la liste des proverbes est une série fermée au même titre que le vocabulaire. Un locuteur connaît les proverbes de sa langue maternelle et les choisit

---

50. R. Barthes, *Mythologies*, Paris, Seuil, 1957, pp.263-267.

51. *Ibid.*, p. 263.

pour l'emploi comme il choisit le mot qui s'adapte au contexte. Il ne participe pas à la création du proverbe et, dans une situation appropriée à sa citation, sa seule initiative est le choix entre le citer ou non. L'apport actif de l'usager consiste donc en la citation qui assure la survie du proverbe. L'avantage de cet usage généralisé consiste principalement en un renforcement de la valeur argumentative de la formule : en effet, le proverbe fait l'objet d'un consensus national et, ainsi que le remarque A. Compagnon, il obtient l'adhésion immédiate et inconditionnelle du récepteur, qui, dans la même situation, y aurait recours lui aussi. Un petit test met rapidement en évidence le fonctionnement automatique du proverbe : si, à propos d'un homme qui a les mêmes défauts que son père on remarque, en généralisant : « les enfants deviennent toujours identiques à leurs parents », il est très probable que l'interlocuteur protestera, déclarant qu'il est impossible de généraliser et apportant en preuve des exemples illustrant le contraire. Il suffira en revanche de dire dans la même situation « Tel père, tel fils », pour que l'affirmation ne suscite aucune opposition.

Paradoxalement, le proverbe, « sagesse des nations », « création collective », n'est en réalité la création de personne, puisqu'il est désormais impossible de remonter à son énonciation première.

> En tant que totalité, le « peuple » ne crée rien. Toute création, toute invention, toute découverte procède toujours d'une personnalité individuelle. Il faut nécessairement que tout proverbe ait d'abord été énoncé un jour et quelque part. Après qu'il eut plu à ceux qui l'entendirent, ils le propagèrent comme locution proverbiale et on l'a probablement retaillé ensuite et retouché jusqu'à ce qu'il ait une forme pratique pour tout le monde et soit devenu ainsi un proverbe universellement connu

écrivait F. Seiler dans une *Etude sur le proverbe* qui sert de point de départ au chapitre que A. Jolles consacre à cette forme simple [52]. Seiler inclut donc ici un autre aspect de la paternité, distinguant entre l'origine orale ou écrite de la formule. Cette remarque implique que le proverbe se propage oralement dans une population qui le travaille et le polit jusqu'à ce que sa forme, jugée satisfaisante (mais par qui ?), se fixe enfin pour l'usage uniforme. Jolles exprime, à juste titre, des réserves sur cette hypothèse, la jugeant par trop théorique et invérifiable. Toujours est-il qu'en synchronie le locuteur prend le proverbe tel quel, comme il prend le mot, l'expression idiomatique, le cliché.

---

52. F. Seiler, *Etude sur le proverbe allemand*, Munich, Beck, 1922 ; A. Jolles, *Formes simples*, Paris, Seuil, 1972, « La locution », pp.121-35.

La maxime est une création libre. Son énonciateur en choisit le contenu et en travaille la forme selon les besoins immédiats du discours, son propre talent stylistique et ses capacités intellectuelles : plus ces derniers sont grands et plus la maxime sera concise, évocatrice, frappante. La maxime est donc une création littéraire ; citée, elle présuppose la participation active du citant qui, l'ayant lue ou entendue, la mémorise, l'introduit ensuite dans son « réservoir » culturel, puis la choisit, parmi toutes celles qui se prêtent à la citation dans une situation donnée, comme la plus adaptée au contexte.

Une définition nette du proverbe représenterait un grand pas en avant vers la définition de la maxime. Malheureusement, l'échec constaté quant à l'acception générique est encore plus complet lorsqu'il s'agit de son acception étroite. Des essais fondés sur l'historique, sur le contenu ou sur la structure ont mené en définitive à des résultats peu concluants. Au bout d'une étude sur la nature du proverbe B. J. Whiting constate :

> [...] several centuries of experience and endeavor have shown that there is nothing so elusive, so evasive, as the exact sentence or group of sentences, which should constitute such a definition [53].

Après de nombreuses tentatives avortées, un chercheur, Archer Taylor, accusé d'ailleurs souvent de défaitisme, est arrivé à la conclusion que, non seulement il n'existe pas à ce jour de définition valable du proverbe, mais qu'une telle définition ne sera jamais possible :

> La définition d'un proverbe est tâche trop ardue pour qu'elle vaille la peine de s'y engager ; et même si par bonheur nous arrivions à réunir en une seule définition tous les éléments essentiels, et à donner à chacun l'importance qui lui revient, nous ne disposerions même pas alors d'une pierre de touche. Une qualité incommunicable nous révèle que, de deux phrases, l'une est un proverbe et l'autre ne l'est pas [54].

Malgré les protestations que cette déclaration a suscitées, elle s'est trouvée plus d'une fois confirmée dans la pratique. R.A.B. Mynors renonce à citer les différentes définitions de l'énoncé sentencieux, en constatant que

---

53. B.J. Whiting, *op. cit.*, p. 273 : « [...] plusieurs siècles d'expérience et d'effort ont montré qu'il n'y a rien de si insaisissable et de si évasif que la proposition exacte ou le groupe de propositions qui devraient constituer une telle définition. »

54. A. Taylor, *The Proverb*, Pennsylvania, Hartboro, 1962, p. 3. Nous donnons ici la traduction de ce passage par G.B. Milner, *op. cit.*, p. 51. Milner réagit vivement contre cette affirmation, en exprimant « son désaccord le plus total avec ce point de vue. [...] Il nous incombe, dit-il, [...] d'affronter la difficulté jusqu'à ce que nous soyons à même de communiquer ce que M. Taylor considère comme étant de nature incommunicable ».

« on ne peut en trouver aucune qui couvre le caractère et la force des proverbes de manière à n'inclure aucun élément inutile et à ne diminuer l'importance d'aucun autre [55] ». Et le « défaitisme » de Taylor est tout à fait justifié par B. J. Whiting qui, en conclusion d'un article dont le but est, précisément, la définition du proverbe dans son sens le plus large, au bout d'une analyse minutieuse, propose la définition suivante, impressionnante, d'une part, par son honnêteté et, d'autre part, saisissante par le fait qu'elle s'annule elle-même; or, les deux choses sont certainement liées : une analyse honnête à partir de la forme et du contenu de la formule est vouée à l'échec.

> A proverb, is an expression which, owing its birth to the people, testifies to its origin in form and phrase. It expresses what is apparently a fundamental truth (that is, a truism) in homely language, often adorned, however, with alliteration and rhyme. It is usually short, but need not be; it is usually true, but need not be. Some proverbs have both a literal and a figurative meaning, either of which makes perfect sense; but more often they have but one of the two [...]. There are many true proverbs which will not fulfil all these requirements [56].

Les différences, structurelles et autres, entre le proverbe et la maxime seront indiquées au fur et à mesure de l'analyse de cette dernière. Mais il importe de souligner ici les deux points qui les distinguent de manière significative :

1) la structure du proverbe est intuitivement et rapidement reconnaissable. Milner [57] soutient que les proverbes sont « aussi faciles à reconnaître que difficiles à définir », ce qui implique une structure à traits fixes et répétitive : construction binaire ou quadripartite, style archaïque, rimes intérieures, phrases elliptiques ou en chiasme [58]. La maxime, en revanche,

---

55. R.A.B. Mynors, *op. cit.*, p. 4.

56. B.J. Whiting, *op. cit.*, p. 302 : « Un proverbe est une expression d'extraction populaire, qui témoigne de son origine par sa forme et sa structure. Il exprime ce qui est apparemment une vérité fondamentale, c'est-à-dire un truisme, en langage familier, souvent orné, toutefois, d'allitération et de rime. Il est généralement court, mais pas nécessairement; il est généralement vrai, mais pas nécessairement. Certains proverbes ont à la fois un sens littéral et un sens figuré, les deux étant parfaitement compréhensibles; mais, plus souvent, ils présentent un des deux seulement [...]. Il y a beaucoup de vrais proverbes qui ne satisfont pas à toutes ces exigences. »

57. Milner, *op. cit.*, p. 50 : « On dirait que chaque parémiographe sait intuitivement ce que c'est qu'un proverbe, et qu'il a pourtant une difficulté énorme à donner de bonnes raisons pour admettre les uns et pour écarter les autres. »

58. Cette description de la structure du proverbe s'inspire des articles de J. et B. Cerquiligny, « L'Ecriture proverbiale », in *Revue des Sciences Humaines*, No.163, 1976, p. 361; H. Meschonnic, *op. cit.*, et A.-J. Greimas, « Idiotismes, proverbes, dictons », in *Cahiers de Lexicologie* n° 2, 1960, pp.41-61.

autorise les moyens techniques et stylistiques les plus divers [59], y compris l'imitation du proverbe par l'adoption de la structure que nous venons de décrire (cf. par exemple la morale de certaines fables de La Fontaine).

2) l'application du proverbe à la situation extra-linguistique qui l'appelle est généralement métaphorique (cf. la définition du proverbe par Whiting cité ci-dessus) :

> Pierre qui roule n'amasse pas mousse.
> On ne fait pas d'omelette sans casser des œufs.
> Ne mets ton doigt en anneau trop étroit.
> Ne réveillez pas le chien qui dort, etc...

Indépendante, la maxime présente généralement un sens littéral ; citée, elle s'applique au contexte de manière littérale. Cependant, isolée de son contexte d'origine elle peut parfois s'intégrer à un autre avec un sens figuré. Ainsi, dans *Pompée* de Corneille, Photin énonce cette maxime qui décrit très exactement la situation de Ptolomée régnant conjointement avec sa sœur Cléopâtre :

> [...] c'est ne régner pas qu'être deux à régner. (I, 2)

Or, sortie de son contexte, la phrase s'applique facilement, par métaphore, à toutes les circonstances où plusieurs personnes ont le droit de prendre des décisions importantes. De même

> Un sceptre, à le porter, perd beaucoup de son poids » (Rotrou, *Cosroès*, II, 2)

peut aussi être interprété et cité métaphoriquement.

Quelquefois, mais bien plus rarement, la maxime est conçue de manière métaphorique même dans son contexte original :

> Pour prendre Dôle, il faut que Lille soit rendue [60]. (B., II, v.78)

---

59. Il est par conséquent étonnant de constater que G. Forestier (*Introduction à l'analyse des textes classiques*, pp. 22-23) range les maximes et les sentences parmi les « lieux explicites » communs aux trois types de discours rhétorique (judiciaire, délibératif et épidictique), sous l'étiquette : « arguments tout faits », au même titre que les « proverbes, exemples célèbres, références à une autorité (Aristote ou Marx ou Jean-Luc Godard...) » Son exemple : « Quand le bras a failli l'on en punit la tête », sentence que Don Diègue apporte comme argument décisif en faveur du pardon de Rodrigue par le roi dans *Le Cid*, ne corrobore pourtant pas l'idée que le genre est figé ; bien au contraire, cet énoncé est original et très complexe et met en œuvre de nombreux moyens tenant aussi bien de l'élocution que de l'*inventio* : analogie, double métonymie et métaphore.

60. Allusion aux campagnes de Flandre et de Franche-Comté : Lille a été prise en 1667, Dôle en 1668.

Le jeu du littéral et du figuré peut occasionnellement produire des effets spéciaux et indiquer déjà dans le contexte initial l'exploitation figurée possible d'une maxime dont le premier sens est littéral. Dans *Le Menteur*, des amis racontent à Dorante, jeune homme plein de fantaisie, que l'on a donné à une dame, de nuit, sur la rivière, une collation avec musique qui s'est achevée à l'aube avec un feu d'artifice :

Souvent l'onde irrite la flamme (I, 5)

remarque spirituellement Dorante, jouant sur la double action du feu d'artifice et de la libéralité de l'amant.

La maxime s'approprie donc parfois les caractéristiques du proverbe et bénéficie de ses privilèges, avec cette différence cependant, qu'elle le fait par l'initiative d'un auteur qui choisit ces techniques dans un but déterminé.

A l'inverse, des phrases à référence connue et ayant été émises comme des maximes subissent parfois un processus de *proverbialisation*, dans la mesure où leur emploi se généralise et leur origine s'estompe ou se perd. C'est le cas, par exemple, d'un grand nombre d'expressions bibliques passées dans le langage courant (cf. en effet, la locution « passer en proverbe », qui « se dit de l'expression d'une vérité qui entre dans l'usage commun [61] »).

Le phénomène de la proverbialisation ajoute une donnée nouvelle à l'étude du proverbe et éclaire par conséquent, indirectement, celle de la maxime : si, comme nous l'avons vu, la différence sociale supposée entre l'auteur et/ou l'usager respectifs du proverbe et de la maxime ne constituent pas, en définitive, un trait différentiel pertinent entre les deux types de formules, l'extension de leur notoriété est, elle, significative. Le proverbe, ainsi que nous l'avons déjà dit, est connu de toute la communauté linguistique [62]; la maxime se signale aux individus au hasard de l'étude ou de la lecture. C'est pourquoi citer un proverbe signifie un rappel (souvenez-vous que l'on dit que...), citer une maxime, c'est apporter à l'interlocuteur une information ou du moins une perspective nouvelle (apprenez que quelqu'un pense que...).

Le phénomène de la proverbialisation exige donc deux conditions nécessaires, concernant respectivement la paternité et la notoriété de la formule : une maxime dont l'origine s'est perdue et qui pénètre, figée, dans l'usage général, est désormais proverbe.

---

61. *Petit Robert.*

62. Nous ne prenons pas en considération ici les proverbes régionaux, ayant cours sur un territoire limité.

MAXIME ET APOPHTEGME

Avec les formules anonymes, un autre genre d'énoncé est à écarter de notre corpus, bien que dans son cas la paternité soit non seulement connue, mais le plus souvent illustre. L'apophtegme est, en effet, défini par le *Grand Larousse de la Langue Française* comme une « parole, sentence mémorable d'un ancien ou d'un personnage illustre, exprimée d'une manière frappante, concise et claire ». A peine plus étoffée que celles proposées par d'autres dictionnaires (cf. Littré : « dit notable de quelque personne illustre »), cette définition rapproche considérablement l'apophtegme de la maxime par sa forme « frappante, concise et claire ». On a déjà vu que, dans les dictionnaires, aussi bien que dans les écrits théoriques, *apophtegme* est souvent donné comme synonyme de *maxime*. Considéré par certains comme « une expression laconique proche de l'énigme [63] », parce que le seul exemple qu'en donne Aristote a une allure cryptique, par d'autres comme un énoncé fondé sur la métaphore [64], le seul trait dénotatif commun à toutes les définitions est « parole mémorable d'un personnage illustre. » Mais est-ce vrai que « l'on ne défera pas trop vite les liens de l'apophtegme et de la sentence », ainsi que le prétend C. Balavoine [65] ? S'il est vrai que le dit mémorable, citable et cité d'une personnalité coïncide parfois avec la maxime, la sentence ou le précepte, il peut aussi représenter une remarque étroitement liée au moment et aux circonstances de l'énonciation.

> Dans une centaine d'années, lorsque les remous de notre époque se seront apaisés depuis longtemps, de quelles paroles mémorables du Général de Gaulle se souviendra-t-on encore ?

se demande G. Milner dans son article consacré à « L'Armature des locutions proverbiales », parmi lesquelles il situe aussi l'apophtegme. Il cite ensuite, en exemple, « ce défi lancé au destin et à l'histoire » :

> La France a perdu une bataille, mais elle n'a pas perdu la guerre.

Puis il rappelle le mot de Winston Churchill :

> « Never in the field of human conflict, was so much, owed by so many to so few [66] ».

63. A. Compagnon, *op. cit.*, p. 27.
64. C. Balavoine, *op. cit.*, p. 58 et *sqq.*
65. *Ibid.*, p. 58.
66. G. Milner, *op. cit.*, p. 50.

Selon C. Balavoine, les conditions de l'énonciation de l'apophtegme une fois oubliées, « reste une « sentence » ou un « adage ». Mais en admettant qu'on ne sache plus attribuer la première de ces deux phrases au Général de Gaulle, la seconde à Winston Churchill, deviendraient-elles pour autant des sentences ou des adages ? Répondent-elles à la définition : « énoncé autonome exprimant une vérité de portée générale ? » Même si l'on ne se souvient plus des circonstances exactes de l'énonciation, il est évident que de Gaulle se référait à une bataille spécifique et que Churchill parlait d'une certaine guerre et non de n'importe quel « conflit humain ». Le *Petit Robert* définit l'apophtegme : « Parole mémorable ayant une valeur de maxime » ; mais dans le sens que nous lui donnons ici, le terme n'implique pas nécessairement l'autonomie référentielle qui caractérise la maxime. Comme d'autres paroles mémorables : *Eurêka. Alea jacta est. Veni, vidi, vici. Sic transit gloria mundi. Fabula acta est. La commedia è finita. L'Etat, c'est moi. Après moi, le déluge.* etc., les phrases citées plus haut ont été prononcées par des personnages historiques illustres dans des circonstances restées célèbres, et leur emploi en citation doit nécessairement se faire par allusion à d'autres circonstances qui, littéralement, ou de manière figurative, rappellent le contexte initial.

Toutefois, l'apophtegme peut effectivement revêtir parfois la forme de la maxime. M. Maloux [67] relève parmi les *Apophtegmes des anciens rois* de Plutarque cette parole de Lysandre :

Quand la peau du lion ne peut suffire, il faut y coudre celle du renard

et dans les *Vies des grands capitaines étrangers* de Brantôme, une réflexion de Charles Quint :

Il faut être maître de soi pour être le maître du monde.

Il est intéressant de comparer cette phrase avec une réplique d'Auguste dans *Cinna* (v, 3) :

Je suis maître de moi comme de l'univers.

La déclaration d'Auguste constitue certes une formule mémorable ; elle correspond donc à la définition que nous avons adoptée pour *apophtegme*, mais ne saurait être une maxime, parce qu'elle n'exprime pas une vérité générale, l'emploi de la première personne faisant référence à l'identité de l'énonciateur et aux circonstances de l'énonciation. Formulée de manière impersonnelle, la parole de Charles Quint est, elle, à la fois

---

67. M. Maloux, *op. cit.*, p. VI.

apophtegme (« parole mémorable d'un personnage illustre ») et maxime (énoncé autonome et général) interprétable en dehors de tout contexte.

L'apophtegme peut donc être, en même temps, une maxime, et une maxime énoncée par un homme célèbre dans des circonstances remarquables est, en même temps, apophtegme.

En littérature, la phrase mémorable est souvent prononcée par un personnage ; et l'apophtegme sera d'autant plus prestigieux que l'auteur, l'œuvre et le personnage lui-même sont célèbres. Certains personnages shakespeariens sont à l'origine d'apophtegmes devenus proverbiaux :

MARCELLUS
Something is rotten in the state of Denmark. (*Hamlet*, I, 4)

HAMLET
To be or not to be, that is the question. (*Hamlet*, III, 1)

RICHARD III
My kingdom for a horse ! (*Richard III*, V, 4)

Molière en a laissé aussi de nombreux :

TARTUFFE
[...] pour être dévôt je n'en suis pas moins homme. (*Le Tartuffe*, III, 3).

ALCESTE
L'ami du genre humain n'est point du tout mon fait. (*Le Misanthrope*, I, 1).

GÉRONTE
Mais que diable allait-il faire dans cette galère ? (*Les Fourberies de Scapin*, II, 7)

L'apophtegme se caractérise par un lien déictique explicite (moi, ici) avec le contexte situationnel. Cette dépendance sémantique pose un problème de taille pour la reconnaissance de l'apophtegme cité dans un discours continu, problème qui, étant donné leur autonomie linguistique et sémantique, ne se pose pas pour les autres formes brèves.

Le dépistage de l'apophtegme cité est immédiat, bien entendu, si la citation est en langue étrangère : interrompant nécessairement la continuité du discours, elle se signale d'elle-même comme un élément surajouté et se dénonce comme citation. L'apophtegme en même langue que le contexte risque en revanche d'être interprété, dans certains cas, par l'interlocuteur inaverti (dans le discours oral ou dans un texte où la citation n'est pas indiquée au moyen de signes typographiques distinctifs) comme une partie intégrante du discours, même si dans la communication orale la citation est appuyée par l'intonation : il n'est pas rare qu'un locuteur souligne ses propres phrases. Dans ce cas aussi, toutefois, deux degrés d'intégration possible de la formule sont à signaler ; une déclaration du type :

> L'Etat, c'est moi

attire l'attention de l'interlocuteur même s'il ne connaît pas la source de la citation, car peu de locuteurs se trouvent dans une situation qui leur permette de prononcer cette phrase dans son sens littéral : le chef de l'Etat français, les ministres, de hauts dignitaires et quelques autres personnes chargées de postes officiels importants. Pour le reste, il est évident qu'ils citent métaphoriquement une phrase prononcée par quelqu'un d'autre, dans des conditions différentes, bien que comparables, d'une manière ou d'une autre, aux circonstances de la locution. La phrase sera donc reconnue comme un élément étranger au discours qui l'englobe, et par conséquent comme une citation.

> Pourvu que ça dure

en revanche, ou

> Après moi, le déluge

ne comportent aucun élément incompatible avec leur contexte immédiat et, si elles ne sont pas reconnues comme des citations, risquent d'être prises pour des remarques personnelles du locuteur au même titre que ce qui les précède ou leur succède. Comme l'adage, que certains auteurs ont essayé de définir à partir de sa nature supposée métaphorique, l'apophtegme « implique une mise en relation de deux contextes [68] », le contexte initial et celui de l'énonciation nouvelle.

Sans vouloir anticiper ici sur l'analyse de la maxime, nous préciserons qu'elle est un énoncé fini et indépendant, et bénéficie par conséquent d'un statut citationnel qui la rend applicable à une infinité de contextes sans rapport obligé avec son occurrence initiale.

L'apophtegme est, par sa nature, essentiellement allusif : il est un énoncé en situation. Pour mieux comprendre cette différence, il n'est que de comparer les deux vers suivants de La Fontaine :

> La raison du plus fort est toujours la meilleure,

proposition générale, concise, claire et mémorable et, surtout, n'exigeant aucune explication supplémentaire, ni même la fable (*Le Loup et*

---

68. C. Balavoine, *op. cit.*, p. 61.

l'agneau, I, 10) que La Fontaine nous offre en guise d'illustration. Il n'en va pas de même de cet autre vers, souvent cité et passé en proverbe :

> Ils [les raisins] sont trop verts, dit-il, [le renard] et bons pour des goujats. (III, 11)

Sans autonomie sémantique, cette phrase tire entièrement son sens de la situation où se trouve le renard qui, ne pouvant pas atteindre les raisins, refuse de reconnaître l'échec. Son emploi citationnel fait nécessairement (ou du moins devrait faire) référence à la fable de La Fontaine (ou à celle d'Esope). En réalité l'énoncé, tel qu'il est cité couramment :

> Les raisins sont trop verts

tout en rappelant l'impuissance du renard, a perdu, en se proverbialisant, une partie du sens que lui donnait son contexte initial. La citation est employée aujourd'hui pour critiquer une personne qui dénigre ce qu'elle ne peut pas obtenir et représente, par conséquent, une remarque péjorative, contrairement au sens que lui donne la fable qui non seulement justifie, mais loue l'attitude du renard comme faisant preuve d'une certaine dignité :

> Fit-il pas mieux que de se plaindre ?

Quoi qu'il en soit, afin de comprendre et de citer « les raisins sont trop verts », il est nécessaire de connaître du moins l'essentiel de l'anecdote racontée par la fable, à savoir que le renard est incapable d'atteindre les raisins. Pour un interlocuteur qui ne connaîtrait pas l'histoire, la remarque serait incompréhensible et son rapport avec le contexte citant totalement opaque.

C'est le cas, d'ailleurs, pour certaines répliques fameuses dans l'antiquité, rappelées avec admiration dans les écrits de la postérité, mais qui, citées sans explication, ne signifient plus rien pour nous aujourd'hui. Ainsi, Erasme, qui réunit sous le titre générique *Adages* des formules de tout genre (maximes, dictons, proverbes, préceptes, etc..) mentionne aussi des apophtegmes, reconnus comme tels par R.A.B. Mynors, qui les définit comme de « courtes répliques spirituelles ». Afin d'illustrer, par exemple, la tolérance et la largeur d'esprit de l'empereur Auguste, Erasme cite en effet deux phrases prononcées par deux personnages différents devant l'empereur et qui, devenues proverbiales à l'époque de l'empire, sont rappelées par Macrobius dans les *Saturnalia* [69]. La première : « Ma

---

69. Cités par R.A.B. Mynors, *op. cit.*, p. 9.

mère jamais, mais mon père toujours » est une allusion à l'histoire suivante : un homme arrivé à Rome des provinces ressemblait si fort à Auguste que tout le monde le tenait pour un parent de l'empereur. Intrigué, celui-ci consentit à le voir et, lui-même impressionné par la ressemblance, lui demanda en plaisantant si sa mère était souvent à Rome avant sa naissance. « Ma mère non, répondit l'homme avec un esprit de repartie et une impertinence incroyables, mais mon père toujours ».

La deuxième est attribuée à Turonius, possesseur d'un orchestre d'esclaves qu'Auguste appréciait beaucoup; mais, l'empereur les ayant payés en nature, avec du blé et non avec de l'argent comptant, le maître ne voulut plus les amener devant l'empereur; quand celui-ci commanda un nouveau spectacle, Turonius lui dit : « Ils sont au moulin », impliquant que les musiciens étaient occupés à moudre le blé qu'ils avaient reçu pour la représentation précédente.

Bien que ces formules aient été très célèbres à leur époque et qu'elles soient mentionnées dans les ouvrages traitant du règne d'Auguste, citées aujourd'hui sans explication, elles sont non seulement sans saveur, mais carrément inintelligibles. C'est là une différence essentielle entre l'apophtegme et le proverbe : un proverbe que l'on entend pour la première fois, fût-il d'une époque ou d'un pays lointains, est en général parfaitement compréhensible. G. Milner [70] cite ce proverbe gravé sur des tablettes de terre cuite trouvées dans des fouilles de Sumer et datant du second millénaire avant Jésus-Christ :

> Pour son plaisir, marié; en y songeant, divorcé.

Il cite aussi ce dicton des Fidji :

> Grosse pirogue, gros ennui.

Les maximes antiques sont, elles aussi, parfaitement compréhensibles :

HOMERE
> Quand une chose est faite, même un idiot peut la voir

SAPPHO
> Pas d'abeilles, pas de miel [71].

C'est que le proverbe, comme la maxime, est un énoncé autonome, alors que l'apophtegme ne l'est pas : expression qui a une paternité illustre, elle ne tire son effet que de l'allusion à la situation précise de son

---

70. G. Milner, *op. cit.*, p. 4.
71. Cités par R.A.B. Mynors, *op. cit.*, p. 5.

énonciation première; le sens de l'allusion perdu, elle perd, par conséquent, son statut citationnel.

CLICHE, LIEU COMMUN ET MAXIME

Le cliché ne devrait jamais empiéter sur le territoire de la maxime, en vertu de deux traits distinctifs clairs et immédiats :

1. le cliché est un syntagme[72], la maxime est une proposition véhiculant un message complet;

2. le cliché est une expression figée, la maxime est une composition originale. Par ce deuxième trait différentiel, la maxime s'oppose donc au cliché de la même manière dont elle s'oppose au proverbe.

Le *T.L.F.* définit le cliché comme une « expression toute faite devenue banale à force d'être répétée » et précise, dans une première remarque, qu'il s'agit d'« un stéréotype d'une expression *linguistique* ». Une deuxième remarque concerne le sens stylistique du terme : « toute expression qui constitue un écart de style par rapport à la norme et qui se trouve banalisée par l'emploi trop courant qui en a déjà été fait » est un cliché.

Le terme, péjoratif, remonte à la deuxième moitié du XIXe siècle. Qu'il dérive du jargon des imprimeurs et des typographes, comme l'indique le *Grand Dictionnaire Universel du XIXe siècle* de Pierre Larousse, ou qu'il désigne initialement le cliché photographique[73], il implique en tout cas un signe ou une image tirée en série et ayant, par conséquent, perdu son originalité. Il s'agit donc bien d'un trope, mais usé, d'une figure de style, mais éculée.

Le cliché diffère, en cela, de l'expression idiomatique, lexicalisée et figurant comme telle dans le vocabulaire de tout locuteur francophone. Bien qu'elle ait aussi, à l'origine, fait image, l'expression idiomatique a totalement perdu la métaphore première : la *feuille* de papier, le *pied* de la table, *prêter* attention, *prêter* l'oreille, *emprunter* une rue, *courir* un danger, etc. représentent aujourd'hui des locutions neutres, dont l'emploi ne trahit aucun effort stylistique et ne témoigne d'aucune velléité littéraire. L'expression idiomatique ne se traduit pas littéralement dans d'autres langues, où elle peut avoir pour équivalent un seul mot, ou une locution

---

72. Cf., en effet, A. J. Greimas, *op. cit.*, p. 53 : « Le terme *cliché* nous paraît [...] convenir aux éléments lexicaux semi-figés correspondant aux dimensions des groupes de mots ».

73. Pour l'origine du terme, cf. R. Amossy et E. Rosen, *Les Discours du cliché*, Paris, CDU et SEDES réunis, 1982, p. 6.

fondée sur une image différente [74]. Il en va autrement de syntagmes du type : « l'aurore aux doigts de rose », « l'astre de la nuit », « de mortelles inquiétudes », « une santé de fer [75] » ou encore des comparaisons rebattues : « heureux comme un roi », « plus blanc que le lait », « noir comme le charbon », « pleurer comme une Madeleine », « mentir comme un arracheur de dents », etc.. où le locuteur prétend créer une image.

Le cliché, lit-on dans le *T.L.F.* (Rem. 1), est un « stéréotype; [...] un supersigne particulièrement fréquent et accepté et par conséquent plus facile à utiliser (émetteur) et à comprendre (récepteur). »

En effet, si la tentative littéraire échoue dans le cas du cliché, la valeur argumentative de l'expression s'en trouve parfois augmentée, puisque le cliché, comme le proverbe, permet au locuteur (émetteur) de rencontrer l'interlocuteur (récepteur) sur un territoire commun : l'interlocuteur connaît et reconnaît l'expression qui certes, ne le frappe pas, mais le rassure dans la mesure où il aurait pu lui aussi la proférer dans les mêmes circonstances. Ce point commun entre le cliché et le proverbe explique le fait que, construit en proposition, le cliché se proverbialise :

> tomber de mal en pis :
> Souvent la peur d'un mal fait tomber dans un pire (B., I, v.64).
>
> la montagne accouchant d'une souris :
> La montagne en travail enfante une souris. (B., III, v.274).

Le cliché propositionnel devient proverbe et non maxime, parce que l'auditeur/lecteur y reconnaîtra à la fois l'idée et les termes qui l'expriment, l'identifiant par conséquent comme une forme figée; la maxime ne saurait en aucun cas proposer une structure consacrée et une forme fixe.

Le cas du *lieu commun*, appelé aussi *idée reçue* [76] est quelque peu différent et plus compliqué. L'idée reçue est, avant tout, une représentation mentale stéréotypée préexistant à son expression verbale. Elle partage avec le cliché le fait d'appartenir à la conscience d'une communauté, qui n'est plus celle des locuteurs d'une même langue, comme pour le cliché, mais souvent celle d'une certaine classe sociale. Sa manifestation linguistique

---

74. Pour l'expression idiomatique, cf. A.J. Greimas, *op. cit.* et R. Amossy, E. Rosen, *op. cit.*, « Introduction ».

75. Exemples de Amossy et Rosen, *op. cit.*, pp. 9 et 14.

76. La terminologie varie avec les auteurs. Greimas emploie « lieu commun », R. Amossy intitule *Les Idées reçues* un livre sur la question (Paris : Nathan, 1991).

prend la forme d'une proposition qui ne diffère en rien de la maxime, telle qu'elle sera décrite dans ce qui suit[77]. Des essais de formalisation linguistique ont conduit A. Herschberg-Pierrot à la définition suivante : « une structure thématique (au sens logique du mot *thème*) qui intègre un ou plusieurs prédicats obligés, ou constantes de prédicats[78] ». Selon cette définition, l'idée reçue favoriserait la construction attributive ; en réalité, comme la maxime, elle, peut revêtir les formes les plus variées, qui auront toutes en commun, toutefois, une structure revendiquant l'autorité d'une vérité incontestable : « [...] le stéréotype apparaît comme l'un des éléments du déjà-dit et du déjà-pensé à travers lesquels s'impose l'idéologie *sous le masque de l'évidence* », écrit R. Amossy dans son livre, *Les Idées reçues*[79]. Cette remarque met bien en évidence les deux caractéristiques majeures de l'idée reçue, à savoir son contenu banal et rebattu, coulé, d'autre part, dans un moule formel prétendant énoncer une vérité. Et c'est cette dualité qui rend la formule si difficile à distinguer de la maxime, dont elle partage la forme : l'idée reçue doit pouvoir être reconnue comme un stéréotype. Or, pour qu'une croyance soit catégorisée comme stéréotype, il faut qu'elle soit « simple, mal fondée, incorrecte au moins en partie, et tenue avec une assurance considérable par un grand nombre de personnes[80] ». Mais le stéréotype se définit nécessairement en fonction du temps et de l'espace : un lieu commun japonais peut ne pas être reconnu comme tel en France, et une idée rebattue du XIIe siècle paraîtra, citée de nos jours, originale, charmante et mémorable. Bien qu'il soit possible de déclarer qu'une proposition énonçant une idée communément admise en un certain lieu à un certain moment est un lieu commun, la différence entre la maxime et ce dernier se fait de manière individuelle et subjective et échappe par conséquent aux critères distinctifs. Plus que dans l'énonciation première, c'est à travers l'acte de la citation que s'opère la sélection, le sujet citant choisissant, selon son propre discernement, la maxime, et rejetant le lieu commun.

---

77. « Nous proposons [...] de réserver ce terme (lieu commun) à des éléments semi-figés appartenant à des séquences syntagmatiques larges (propositions, phrases), correspondant, à une élaboration formelle différente près, aux *dictons* et aux *proverbes* » écrit Greimas, *op. cit.*, p. 53.

78. A. Herschberg-Pierrot, *La Fonction du cliché chez Flaubert : la stéréotypie flaubertienne*, thèse de doctorat, Paris III, 1980, p. 3, citée par R. Amossy, op. cit., p. 31.

79. P. 31, nos italiques.

80. *Ibid.*, p. 29. R. Amossy cite M. Jahoda, *A Dictionary of Social Sciences,* London, Tavistock Publications, 1964, entrée *stéréotype*.

L'on comprend maintenant qu'un grand nombre de phrases qu'il est possible d'entendre ou de lire tous les jours, et ayant toutes les caractéristiques linguistiques de la maxime, ne sont en réalité que des lieux communs. Mais nous avons vu aussi que ces mêmes idées banales sont susceptibles d'accéder au statut prestigieux de la maxime au moyen d'un traitement stylistique habile et/ou de leur insertion dans des œuvres « sérieuses » : leur fortune est même assurée si l'œuvre qui les contient devient célèbre. Les limites entre la maxime et le lieu commun sont donc floues et mouvantes. De plus, même en un même lieu, au même moment, ce qui paraît plat et banal à l'un peut, à tort ou à raison, enthousiasmer un autre, qui le retiendra et le citera : on ne cite pas que les choses intelligentes ou exceptionnelles et, ainsi que dit Boileau dans une maxime travestie en proverbe :

Un sot trouve toujours un plus sot qui l'admire.

CHAPITRE III

POUR UNE DEFINITION DE LA MAXIME

LA MAXIME DANS LES DICTIONNAIRES

Les définitions modernes de la maxime diffèrent peu de celle du *Dictionnaire de l'Académie*, citée plus haut. Ainsi, nous trouvons dans le Littré :

> *maxime* : proposition générale qui sert de règle.

Et dans le *Grand Larousse de la Langue Française* :

> *maxime* : règle de pensée ou d'action, moralement bonne on non [...]. Formule d'une brièveté lapidaire, énonçant une vérité morale, une remarque psychologique de valeur générale.

Comme on peut le constater, ces définitions ne rendent pas compte de toutes les caractéristiques permettant d'identifier la maxime, encore moins de celles la séparant des genres voisins. Des essais de définition individuels apportent presque toujours des éléments intéressants mais ne suffisant pas à cette double tâche. « Shortness, sense and salt », correspondant dans les définitions françaises à « concis, clair, spirituel », s'applique à la presque totalité des genres brefs. M. Maloux, qui, dans son introduction au *Dictionnaire des proverbes, sentences et maximes*, s'efforce de cerner les caractéristiques de ceux-ci, définit la maxime comme « une proposition générale, exprimée noblement et offrant un avertissement moral, sinon une règle de conduite [81] ». A l'analyse, l'on peut distinguer, dans cet énoncé, trois composantes : 1. une description du contenu de la maxime (« une proposition générale ») qui exclut implicitement l'apophtegme; 2. le registre stylistique (« exprimée noblement ») qui exclut implicitement le proverbe; 3. le but moralisant.

---

81. M. Maloux, *op. cit.*, p. VI.

Cependant, une définition valide de la maxime, terme générique pour les genres brefs cultivés, doit avant tout cerner *l'aire thématique* de la formule.

LE CHAMP DE LA MAXIME

Ayant établi que la maxime est une idée à paternité connue, il est indispensable d'ajouter qu'elle doit nécessairement exprimer une opinion concernant l'homme et la condition humaine sous un de ses aspects : physique, psychologique, social et politique. « [...] on appelle proprement *moralistes* les auteurs qui traitent *des mœurs* comme sujet unique », écrit Ch.-M. des Granges dans son *Histoire de la littérature française* [82]. Mais si le terme moraliste semble restreindre l'intérêt de ces auteurs du XVIIe au seul aspect moral de l'homme, le champ de la maxime est, à l'examen, bien plus large et plus varié.

> [...] la Maxime [...] énonce un universel à propos de l'homme, ce que nous traduirons graphiquement en écrivant ce dernier mot avec un *h* majuscule ; précise S. Meleuc, la Maxime parle donc de l'Homme dans sa spécificité qu'est l'esprit, la pensée, la morale [83].

En réalité, cette aire thématique est pratiquement infinie, puisqu'elle s'étend aussi à n'importe quel objet, phénomène ou événement considéré dans ses rapports avec l'être humain : l'espace, le temps, l'univers, la nature, le climat, il n'est rien qui ne puisse devenir sujet de maxime si la formule qui en résulte explique, éclaire et/ou révèle un ou plusieurs aspects de la nature humaine. En revanche, une proposition qui ne parle pas de l'être humain ou qui ne lui est applicable d'aucune manière (par métaphore, similitude, allégorie, symbole ou analogie) ne peut être une maxime. Ainsi

> L'eau est la combinaison d'un volume d'oxygène et deux volumes d'hydrogène [84]

---

82. Ch.-M. des Granges, *op. cit.*, p. 440.

83. S. Meleuc, « Structure de la maxime », in *Langages*, 13, 1969, p. 69.

84. Adaptation de la définition du *Petit Robert*. Dans son livre *Sententiousness and the Novel* (Cambridge University Press, 1985, p. 18), G. Bennington considère qu'il n'y a pas de raison valable pour refuser à la loi ou à la formule scientifique le statut de maxime (*sententia*). Prenant pour exemple la première loi de Newton (tout corps garde son immobilité ou un mouvement rectiligne uniforme si l'action d'une force extérieure ne l'oblige pas à changer d'état) il conclut: « La pureté apparente d'un tel exemple semble en faire un cas limite de phrase sentencieuse. Dans la mesure où une telle assertion ne parle pas d'une question « morale », ni, apparemment, de l'Homme, il serait facile d'arguer son exclusion du champ de la sentence [...]. Mais cette exclusion n'est pas fondée, en principe, sur une nécessité; le discours scientifique possède une rhétorique et peut être analysé en termes de

est bien une phrase qui exprime une vérité générale et intemporelle mais qui ne peut pourtant pas être interprétée comme une maxime. En revanche, une phrase à structure identique, cette remarque attribuée à Thomas Edison et qu'Einstein se plaisait à citer :

Le génie est à 99 % transpiration et 1 % inspiration

est une maxime parce qu'elle prétend nous apprendre quelque chose sur l'être humain.

STRUCTURE LINGUISTIQUE DE LA MAXIME

Une tentative de formalisation

Les essais contemporains de formalisation de la maxime ont fait avancer considérablement les recherches dans le domaine des genres brefs. Ils ont eu surtout l'important avantage d'orienter l'intérêt confiné jusque là à la thématique et au style vers le terrain plus solide des universaux structuraux. Mais ce progrès s'accompagne malheureusement d'un corollaire négatif : la création d'un portrait robot de la maxime qui lui ressemble peu, parce qu'il est schématique et incomplet. Ainsi, S. Meleuc voit « le schéma général » de la maxime comme : « affirmation, il, partout, toujours, » fondé du point de vue linguistique sur un système réduit de déterminants (« non-actualisation » de l'énoncé au moyen des articles défini et indéfini), la « non-personne supportée par la présence des pronoms de 3e personne ou l'absence de tout pronom ou agent et le verbe privé de la plupart de ses marques qui lui sont propres, puisque l'information apportée par ces marques est exclue[85] ».

L'analyse que nous proposons dans ce qui suit, plus détaillée et plus approfondie que les précédentes, a pour but d'effacer ce portrait robot qui, une fois tracé, et ayant prouvé la possibilité de la formalisation, freine la réflexion plus qu'il n'aide à la développer. En effet, l'existence même de ce supposé schéma général infirme l'une des caractéristiques les plus solidement prouvées de la maxime, son originalité stylistique et son effet saisissant sur le lecteur. C'est le caractère imprévisible de la formule

---

types de phrases. » Nous ne partageons pas le point de vue de Bennington : non seulement la similarité entre la structure de la loi scientifique et celle de la maxime n'est pas parfaite (la maxime tolérant, comme nous allons le montrer plus loin, des variations que le modèle de la loi n'autorise pas), mais il nous semble impossible de classer les différents genres de formules uniquement à partir de leur forme et en faisant totalement abstraction du contenu.

85. S. Meleuc, *op. cit.*, p.72.

qui impressionne l'auditeur/lecteur et rend la maxime mémorable, l'introduisant ainsi dans le bagage culturel du nouvel usager potentiel, qui la tient désormais en réserve pour la citation.

Cette sous-estimation des possibilités formelles du genre provient, en grande mesure, du fait qu'il a toujours été étudié de pair avec le proverbe ; or celui-ci présente, en effet, des modèles plus uniformes, mieux enracinés dans la langue, et qui se perpétuent aussi bien dans la mémoire que dans la production collective. Le proverbe est reconnaissable en tant que proverbe en vertu, précisément, de sa pérennité formelle, et sa survivance dans la durée est considérée comme le test de sa vérité. La maxime, d'autre part, doit à sa forme inattendue son espérance de vie et c'est pourquoi la réactualisation prolongée d'un même modèle représente, en réalité, son arrêt de mort.

Une proposition logique

La forme et le contenu sont si indissolublement liés dans le cas de la maxime qu'il est possible de démontrer par une même analyse de sa structure à la fois son autonomie linguistique et sa nature de modèle axiomatique. Bien qu'elle puisse parfois dépasser le cadre restreint de la phrase afin d'accéder au paragraphe, la maxime coïncide généralement, du point de vue linguistique, avec une unité de discours, et doit par conséquent être étudiée et définie comme telle. Ce n'est pas un hasard si le *Dictionnaire de l'Académie* la classe sous le générique « proposition » : terme ambivalent, puisqu'il n'est pas clair s'il doit être entendu dans son sens grammatical ou dans son sens logique. Or, si l'on consulte le même *Dictionnaire de l'Académie* sur le terme *proposition*, l'on y trouve la définition suivante :

> *proposition* : Proposition en termes de Logique est une énonciation, un discours qui affirme ou qui nie quelque chose.

La maxime est donc envisagée par les linguistes du XVIIe siècle comme une proposition logique, à savoir une phrase qui affirme ou infirme un fait. Ainsi apparaît donc la première caractéristique formelle de la maxime, censée se présenter comme une phrase assertive, affirmative ou négative.

> Notre défiance justifie la tromperie d'autrui. (LR., 86)
> La raison n'est pas ce qui règle l'amour. (M., *Le Misanthrope*, I, 1)

Cependant ce modèle apparemment simple ne résiste pas à une vérification, même rapide, des données. A l'examen, on découvre un tableau bien plus complexe, où l'affirmation et la négation se présentent souvent en trompe-l'œil : des phrases grammaticalement affirmatives deviennent, par l'emploi d'éléments lexicaux spécifiques, des phrases négatives :

> On *s'est trompé* lorsqu'on a cru que l'esprit et le jugement étaient des choses différentes [...] (LR., 97)

équivaut à

> L'esprit et le jugement *ne sont pas* des choses différentes.

Il en va de même pour :

> C'est *se tromper* que de *croire* qu'il n'y ait que les violentes passions, comme l'ambition et l'amour, qui puissent triompher des autres. [...] (LR., 266) – *Il n'y a pas que* les violentes passions. etc.
> *Il s'en faut bien* que nous connaissions tout ce que nos passions nous font faire. (LR., 460) – Nous ne connaissons guère tout ce que nos passions nous font faire.
> *Il s'en faut bien* que l'innocence ne trouve autant de protection que le crime (LR., 465) – L'innocence ne trouve pas.

Des affirmations restrictives le sont à tel point qu'elles en deviennent négatives.

> Il y a peu de femmes dont le mérite dure plus que la beauté. (LR., 472)

pourrait se réécrire sous une forme qui représente, en effet, une structure par ailleurs très fréquente, elle aussi, chez La Rochefoucauld : il n'est guère de femmes dont le mérite dure plus que la beauté [86].

> Il y a peu de choses impossibles d'elles-mêmes, et l'application pour les faire réussir nous manque plus que les moyens (LR., 243) – Il n'y a guère...

Inversement, une double négation, une négation doublée de restriction ou d'une locution intensive produisent des phrases apparemment négatives, mais en réalité positives :

> On *n'oublie* jamais mieux les choses que quand on s'est lassé d'en parler (LR., 595) (On oublie les choses quand...)
> *Il n'y a* pas quelquefois *moins* d'habileté à savoir profiter d'un bon conseil *qu'à* se bien conseiller soi-même (LR., 283) (Il y a autant, ou plus d'habileté à savoir profiter...)

---

86. Cf. en effet : « On ne trouve guère d'ingrats tant qu'on est en état de faire du bien » (306); « Nous ne trouvons guère de gens de bon sens que ceux qui sont de notre avis. » (347); « On n'a guère de défauts qui ne soient plus pardonnables que les moyens dont on se sert pour les cacher. » (411).

Il n'est pas si dangereux de faire du mal à la plupart des hommes que de leur faire trop de bien. (LR., 238) (Il est plus dangereux de faire aux hommes trop de bien que de leur faire du mal.)

Nous *ne* trouvons guère de gens de bon sens que ceux qui sont de notre avis. (LR., 347) (Les seuls gens de bons sens que nous trouvions sont ceux qui sont de notre avis.)

Le jeu de l'affirmatif et du négatif est parfois si complexe que le lecteur se voit obligé de se livrer à une analyse syntaxique rapide, afin de comprendre le sens exact de la phrase :

Il y a des faussetés déguisées qui représentent si bien la vérité, que ce serait mal juger que de ne s'y pas laisser tromper. (LR., 282).

C'est perdre toute confiance dans l'esprit des enfants et leur devenir inutile que de les punir des fautes qu'ils n'ont point faites, ou même sévèrement de celles qui sont légères. Ils savent précisément et mieux que personne ce qu'ils méritent, et ils ne méritent guère que ce qu'ils craignent ; ils connaissent si c'est à tort ou avec raison qu'on les châtie, et ne se gâtent pas moins par des peines mal ordonnées que par l'impunité. (LB., XI, 59).

Il résulte de ces exemples, que « affirmer ou nier une chose » peut aussi se faire au moyen de propositions (dans le sens grammatical du mot) autres qu'affirmatives ou négatives. Ceci paraît paradoxal à première vue, puisque la maxime est par définition une expression d'autorité qui s'accorde mal, a priori, avec la forme interrogative. Pourtant, les maximes construites à la forme interrogative sont trop fréquentes pour être ignorées. Il convient toutefois de préciser, d'emblée, qu'il s'agit exclusivement de questions rhétoriques. Le théâtre classique en offre de nombreux exemples :

La foi qui n'agit point, est-ce une fois sincère ? (R., *Athalie*, I, 1)
Quel père de son sang se plaît à se priver ? (R., *Iphigénie*, III, 6)
Quels pleurs par un amant ne sont point essuyés ? (*Ibid.*, II, 3)

La Rochefoucauld pratique peu la maxime interrogative :

Comment prétendons-nous qu'un autre garde notre secret, si nous ne pouvons le garder nous-mêmes ? (LR., 584)

La Bruyère, en revanche, offre souvent des « cascades » de questions rhétoriques :

Devrait-il suffire d'avoir été grand et puissant dans le monde pour être, louable ou non, et devant le saint autel, et dans la chaire de la vérité, loué et célébré à ses funérailles ? N'y a-t-il point d'autre grandeur que celle qui vient de l'autorité et de la naissance? Pourquoi n'est-il pas établi de faire publiquement le panégyrique d'un homme qui a excellé pendant sa vie dans la bonté, dans l'équité, dans la douceur, dans la fidélité, dans la piété? (LB., XV, 20).

S'il y a peu d'excellents orateurs, y a-t-il bien des gens qui puissent les entendre? S'il n'y a pas assez de bons écrivains, où sont ceux qui sachent lire? [...] (LB., IX, 22)

Les hommes sont-ils assez bons, assez fidèles, assez équitables, pour mériter toute notre confiance et ne nous pas faire désirer du moins que Dieu existât, à qui nous puissions appeler de leurs jugements et avoir recours quand nous en sommes persécutés ou trahis? (LB., XVI, 19)

Comme on peut le constater dans les exemples ci-dessus, la question rhétorique absolue correspond à une phrase déclarative de type inverse à la nature de la question elle-même : une interrogative positive est en réalité une affirmation négative.

Les hommes sont-ils assez bons, assez fidèles, assez équitables pour mériter notre confiance [...] ? – Les hommes ne sont pas assez bons, assez fidèles, assez équitables [...] (LB., XVI, 19).

Une interrogative négative s'interprète comme une déclaration positive :

Quel découragement plus grand que de douter si son âme n'est point matière [...] et si elle n'est corruptible [...] ? N'y-a-t-il pas plus de force et de grandeur à recevoir dans notre esprit l'idée d'un Etre supérieur à tous les êtres [...] ? (LB., XVI, 1) – Il y a plus de force et de grandeur à recevoir dans notre esprit l'idée d'un Etre supérieur à tous les êtres [...]

De même, les interrogatives partielles introduites par *qui, que, qu'est-ce qui*, correspondent à des propositions ayant pour sujet ou pour objet *personne, nul* et *rien* :

Qui peut, avec les talents les plus rares et le plus excellent mérite, n'être pas convaincu de son inutilité, quand il considère qu'il laisse en mourant un monde qui ne se sent pas de sa perte et où tant de gens se trouvent pour le remplacer? (LB., II, 1) – *Nul* ne peut... etc.

Qui peut nommer de certaines couleurs changeantes et qui sont diverses selon les divers jours dont on les regarde? (*Personne* ne peut nommer...) De même, « Qui peut définit la cour? » (*Nul* ne peut définir la cour). (LB., VIII, 3)

Quand on a tout perdu, que saurait-on plus craindre? (C., *Horace* IV, 4) — Quand on a tout perdu, l'on ne saurait plus rien craindre.

Il faut, toutefois, faire le départ entre la question rhétorique qui en réalité affirme ou infirme avec autorité et un autre type de phrase interrogative pratiqué par les maximistes : une phrase qui pose une vraie question et qui appelle une réponse figurant elle aussi dans le texte :

> Qu'est-ce qu'une femme que l'on dirige ? (vraie question) Est-ce une femme plus complaisante pour son mari, plus douce pour ses domestiques, plus appliquée à sa famille et à ses affaires, plus ardente et plus sincère pour ses amis ? [...] (question rhétorique dont la réponse est non : elle implique, et infirme en même temps, la réponse logique à la question) [...] Ce n'est rien de toutes ces choses ; c'est une femme qui a un directeur (réponse correcte) (LB., III, 36).

La proposition exclamative peut aussi, bien que plus rarement, devenir maxime, avec une nuance intensive :

> Qu'un amant sait mal ce qu'il désire ! (R., *Bérénice*, II, 2) – Un amant sait très mal ce qu'il désire !
> Que ne peut la frayeur sur l'esprit des mortels ! (R., *Athalie*, II, 5). La frayeur peut tout sur l'esprit des mortels !
> [...] que de beaux semblants cachent des âmes basses ! (C., *Le Menteur*, II, 2) – Beaucoup de beaux semblants cachent des âmes basses !

Enfin, la maxime peut parfois prendre les formes les plus imprévisibles. Le fameux apophtegme de Hamlet :

> Frailty, thy name is woman ! (II, 2)

se révèle être aussi une maxime : certes, de structure originale (apostrophe), mais correspondant par ailleurs aux exigences du genre : autonomie grammaticale et sémantique, et généralisation, puisqu'il peut se réécrire : « La femme est la personnification de l'inconstance ».

Autonomie référentielle et grammaticale

Autonomie grammaticale et généralité sont, dans ce cas, les deux faces d'un même phénomène : en effet, ce qui rend la maxime un énoncé clos et complètement indépendant de son contexte en fait, en même temps, l'expression d'une idée générale non reliée aux circonstances de l'énonciation (énonciateur, lieu et moment de la locution). Comme on l'a déjà vu, ce modèle passe pour très contraignant et pour limiter sensiblement les éléments morphologiques et syntaxiques qui le composent. Plusieurs descriptions de cette structure ont été tentées, dont les plus réussies sont celles de J. Schérer et de S. Meleuc. Bien que nous reprenions ici certains de leurs arguments, l'analyse qui suit, plus compréhensive quant au corpus et moins redevable aux études sur les autres formes parémiques (notamment le proverbe), montrera que la structure de la maxime est bien plus complexe et plus imprévisible qu'on ne l'a cru jusqu'ici.

Le sujet de la maxime

Le sujet est l'élément pivot de la maxime. J. Schérer traite ensemble le sujet et le complément, comme fonctions nominales dominantes. « [...] s'ils sont pronoms, ajoute-t-il, (ils) doivent (avoir) une portée générale » [87]. En réalité la situation est bien plus compliquée, puisque c'est l'ensemble de la maxime, la somme sémantique obtenue par l'interaction de tous les éléments composants, qui doit avoir une portée générale ; à l'intérieur de cette construction, en revanche, il n'y a, comme on le verra bientôt, presque pas de moyen interdit.

Il convient toutefois de distinguer d'emblée entre le *sujet grammatical* et le *sujet thématique*, qui ne coïncident pas toujours. Le sujet grammatical est, en effet, celui indiqué par les analyses formelles de la maxime : nom, *il* impersonnel, *on*, *nous*, mais avec des variations ou des combinaisons souvent inattendues et si significatives, qu'une analyse attentive de la maxime doit nécessairement en rendre compte. Le thème se trouve généralement caché sous forme d'objet direct ou indirect, ou impliqué de quelque autre manière à l'intérieur de la phrase. Le rapport entre les deux types de sujets représente un facteur décisif quant à l'organisation stylistique de la formule, puisque le sujet grammatical fournit des solutions techniques variées aux difficultés de composition que pose le sujet thématique trop étroit : l'être humain envisagé comme individu et comme espèce.

● Le sujet grammatical

Le sujet de la maxime s'exprime très souvent par un *nom* :

> La gravité est un mystère du corps inventé pour cacher les défauts de l'esprit. (LR., 257)
> La confiance fournit plus à la conversation que l'esprit. (LR., 421)
> La façon de donner vaut mieux que ce qu'on donne. (C., *Le Menteur*, I, 7)

Les exemples en sont, bien entendu, innombrables. L'on remarquera, toutefois, plusieurs contraintes concernant l'emploi du nom :

Le sujet est un nom abstrait, au singulier, avec article défini :

> La *jalousie* est, en quelque manière, juste et raisonnable, puisqu'elle ne tend qu'à conserver un bien qui nous appartient ou que nous

---

87. J. Schérer, *op. cit.*, p. 327.

croyons nous appartenir, au lieu que l'envie est une fureur qui ne peut souffrir le bien des autres. (LR., 28)
L'orgueil est égal dans tous les hommes et il n'y a de différence qu'aux moyens et à la manière de le mettre au jour. (LR., 35)
L'intérêt, qui aveugle les uns, fait la lumière des autres. (LR., 40)
La vertu n'irait pas si loin si la vanité ne lui tenait compagnie. (LR., 200)
La nature de l'homme n'est pas d'aller toujours; elle a ses allées et venues. (P., II, 27)
L'amour est un tyran qui n'épargne personne. (C., *Le Cid*, I, 2)
La mort au désespoir offre plus d'une voie. (R., *Mithridate*, V, 1)
Le temps, qui fortifie les amitiés, affaiblit l'amour. (LB., IV, 4)

Le sujet est un nom concret, humain, au singulier ou au pluriel, avec l'article défini, ou un nom au singulier, avec l'article indéfini en extension absolue [88] :

L'homme n'est qu'un sujet plein d'erreur naturelle, et ineffaçable sans la grâce [...]. (P., II, 45)
Les femmes ne connaissent pas toute leur coquetterie. (LR., 332)
Les enfants n'ont ni passé ni avenir, et, ce qui ne nous arrive guère, ils jouissent du présent. (LB., XI, 51).
Les jeunes gens, à cause des passions qui les amusent, s'accommodent mieux de la solitude que les vieillards. (LB., XI, 119)
Un homme à qui personne ne plaît est bien plus malheureux que celui qui ne plaît à personne. (LR., 561).
Un homme libre, et qui n'a point de femme, s'il a quelque esprit, peut s'élever au dessus de sa fortune, se mêler dans le monde et aller de pair avec les plus honnêtes gens. [...] (LB., II, 25)
Un vieillard est fier, dédaigneux et d'un commerce difficile, s'il n'a beaucoup d'esprit. (LB., XI, 117).
Un coupable puni est un exemple pour la canaille, *un innocent condamné* est l'affaire de tous les honnêtes gens. (LB., XIV, 52)

L'effet d'universalité est quelquefois obtenu par la suppression du déterminant, ce qui confère à la maxime une patine archaïsante qui la rapproche du proverbe :

Curiosité n'est que vanité. (P., IV, 77)
Diseur de bons mots, mauvais caractère. (P. cité par LB., VIII, 80)
[...] *fille qui vieillit* tombe dans le mépris. » (C., *Le Menteur*, II, 2)

---

88. Pour la valeur générale de l'article indéfini, cf. B. Pottier, *Introduction à l'étude de la morphosyntaxe espagnole*, Paris, Ediciones hispanoamericanas, 1966 et M. Wilmet, *La Détermination nominale*, Paris, P.U.F, 1986.

Patience et *longueur de temps*
Font plus que *force* ni que *rage*. (LF., *Le Lion et le rat*, II, 11)
Imprudence, babil, et *sotte vanité*,
Et *vaine curiosité*,
Ont ensemble étroit parentage. » (LF., *La Tortue et les deux canards*, X, 3)

La ressemblance avec le proverbe est parfois si frappante, que l'on ne sait plus s'il s'agit ou non d'une formule originale :

Plus fait douceur que violence. (LF., *Phébus et Borée*, VI, 3)

— Les déterminants du sujet :

Le sujet ne peut être déterminé par un possessif autre que celui de la première personne pluriel, ni par un démonstratif déictique [89]. Des adjectifs démonstratifs anaphoriques dont le référent est une extension du syntagme nominal située après le nom se rencontrent parfois, surtout en corrélation avec une proposition relative restrictive (déterminative) :

Ces grandes et éclatantes actions *qui éblouissent les yeux* sont représentées par les politiques comme les effets des grands desseins, au lieu que ce sont d'ordinaire les effets de l'humeur et des passions. (LR., 7, cité par Meleuc)
Cette clémence *dont on fait une vertu* se pratique tantôt par vanité, quelquefois par paresse, souvent par crainte et presque toujours par tous les trois ensemble. (LR., 16, cité partiellement par Meleuc)
Cette religion *si grande en miracles, saints, purs, irréprochables, savants et grands témoins, martyrs*; [...] *si grande en science* après avoir étalé tous ses miracles et toute sa sagesse, elle réprouve tout cela [...]. (P., XXII, 291)

Remarque 1

Ce type d'article démonstratif peut être relevé occasionnellement dans d'autres fonctions syntaxiques que le sujet :

L'amour de la gloire, la crainte de la honte, le dessein de faire fortune, le désir de rendre notre vie commode et agréable, et l'envie d'abaisser les autres, sont souvent les causes de *cette* valeur *si célèbre parmi les hommes*. (LR., 213)
Un poème excellent, où tout marche et se suit,
N'est pas de *ces* travaux *qu'un caprice produit* [...] (B., III, v.309-10)

---

89. « On dit d'un pronom personnel ou démonstratif qu'il est *anaphorique* quand il se réfère à un syntagme nominal antérieur ou à un syntagme nominal qui suit. [...] Cet emploi anaphorique s'oppose à l'emploi déictique du démonstratif. » (*Dictionnaire de linguistique*, Paris, Larousse, 1973, entrée *anaphorique*).

C'est là une des raisons pour lesquelles les analyses précédentes tendaient à étudier le comportement du nom dans la maxime sans distinguer entre le sujet et les autres fonctions syntaxiques, méthode qui semblait justifiée par le fait que les noms objets sont, eux aussi, déterminés le plus souvent, et selon le sens de la phrase, par les articles défini et indéfini. Cette symétrie dans l'emploi des noms ne rend compte cependant que d'un aspect réduit de la détermination nominale à l'intérieur de la maxime, où les objets et les compléments peuvent aussi (en quantité croissante proportionnelle à la longueur de la formule et surtout si celle-ci comporte plus d'une phrase) présenter des déterminants que la critique considère comme interdits dans les genres brefs : les possessifs de 3ᵉ personne ne référant pas au sujet et les démonstratifs déictiques. En réalité tout élément linguistique peut figurer dans la maxime, à condition que son référent se trouve à l'intérieur de la formule et ne détruise pas, par conséquent, l'autonomie grammaticale de l'énoncé :

> Il y a une élévation qui ne dépend point de la fortune : c'est un certain air qui nous distingue et qui semble nous destiner aux grandes choses ; [...] c'est par *cette* qualité que nous usurpons les déférences des autres hommes [...] (LR., 399)
> Deux choses instruisent l'homme de toute *sa* nature : l'instinct et l'expérience. (P., VII, 128)
> La prévention du peuple en faveur des grands est si aveugle, et l'entêtement pour *leur* geste, *leur* visage, *leur* ton de voix et *leurs* manières si général, que, s'ils s'avisaient d'être bons, cela irait à l'idôlatrie. (LB., IX, 1)

— Autres déterminants du nom sujet :

Le nom sujet est souvent déterminé par *tout/toute/tous/toutes*, *chaque*, *aucun*, ce qui était linguistiquement prévisible, étant donné le caractère réputé général de la formule.

> *Chaque* âge a ses plaisirs, son esprit et ses mœurs. (B., III, v.374)
> *Toutes* choses changent et se succèdent. (P., I, 3)
> *Toutes* nos qualités sont incertaines et douteuses, en bien comme en mal, et elles sont *presque toutes* à la merci des occasions. (LR., 470)
> *Aucun* chemin de fleurs ne conduit à la gloire. (LF., *Les Deux Aventuriers et le talisman*, X, 14)

Ce qui n'est en revanche jamais mentionné à propos de ces structures, c'est que le sujet se laisse aussi déterminer par des adjectifs, ou d'autres modifieurs à signification restrictive (*certain*, *tel*, *quelques*, *peu de*, *assez de*, *bien des*, *la plupart de*, etc.) :

Certains hommes contents d'eux-mêmes [...] et ayant ouï dire que la modestie sied aux grands hommes, osent être modestes, contrefont les simples et les naturels [...]. (LB., II, 17)
Tel homme est ingrat, qui est moins coupable de son ingratitude que celui qui lui a fait du bien. (LR., 96)
Quelques jeunes personnes ne connaissent point assez les avantages d'une heureuse nature et combien il leur serait utile de s'y abandonner [...] (LB., III, 4)
Bien des gens vont jusqu'à sentir le mérite d'un manuscrit qu'on leur lit, qui ne peuvent se déclarer en sa faveur jusqu'à ce qu'ils aient vu le cours qu'il aura dans le monde par l'impression ou quel sera son sort parmi les habiles. (LB., I, 21).
La plupart des femmes ne pleurent pas tant la mort de leurs amants pour les avoir aimés, que pour paraître plus dignes d'être aimées. (LR., 362)
Peu de gens connaissent la mort ; on ne la souffre pas ordinairement par résolution, mais par stupidité et par coutume, et *la plupart des* hommes meurent parce qu'on ne peut s'empêcher de mourir. (LR., 23).
La plupart des gens ne jugent des hommes que par la vogue qu'ils ont, ou leur fortune. » (LR., 212)
Assez de gens méprisent le bien, mais peu savent le donner. (LR., 301)

L'infinitif représente une variante fréquente du nom abstrait sujet :

Mourir pour le pays est un si digne sort
Qu'on briguerait en foule une si belle mort. (C., *Horace*, II, 3)
Mourir pour sa patrie est un sort plein d'appas
Pour quiconque à des fers préfère le trépas. (C., *Œdipe*, II, 3)
Rire des gens d'esprit, c'est le privilège des sots [...] (LB., V, 56)
Louer les princes des vertus qu'ils n'ont pas, c'est leur dire impunément des injures. (LR., 320)
Etre avec des gens qu'on aime, cela suffit ; *rêver*, *leur parler*, ne *leur parler point*, *penser à eux*, *penser à des choses plus indifférentes*, mais auprès d'eux, tout est égal. (LB., IV, 23)
Vivre avec ses ennemis comme s'ils devaient un jour être nos amis, et *vivre* avec nos amis comme s'ils pouvaient devenir nos ennemis, n'est ni selon la nature de la haine, ni selon les règles de l'amitié : ce n'est point une maxime morale, mais politique. (LB., IV, 55)

Remarque 2

Une dernière question sur l'emploi du nom, en position sujet ou dans n'importe quelle autre fonction à l'intérieur de la maxime, concerne le nom propre. Ce point n'a encore jamais été discuté et cela implique apparemment la présomption que le nom propre n'est pas compatible avec l'énoncé parémique (alors qu'il l'est, par exemple, avec l'apophtegme, lié, lui, à une situation spécifique : cf. « Delenda Carthago »).

En réalité, ici aussi il y a lieu de formuler certaines réserves sur une opinion trop tranchée : comme pour l'ensemble des noms et de la détermination nominale, le principe clé de l'emploi consiste en la préservation de la parfaite autonomie de l'énoncé; or cette autonomie, qui ne s'accommode en aucun cas d'un nom propre inconnu et/ou non identifiable (nom de personne, de ville, de pays, etc...), n'est pas nécessairement menacée par l'emploi d'un nom propre universellement connu et compris. Des expressions bibliques proverbialisées (« Rendez à César ce qui est à César et à Dieu ce qui est à Dieu ») ou des dictons (« A Rome il faut se conduire comme les Romains ») contiennent des noms propres qui n'entravent en rien la compréhension de l'énoncé, dans le premier cas grâce à un glissement du nom propre vers le nom commun (César = empereur), dans le deuxième parce que, indépendamment de l'identification extra-linguistique : Rome = ville, la relation lexicale Rome/Romains est explicative en soi : quand on se trouve dans un *lieu*, il faut se conduire comme ses *habitants*[90].

Un exemple intéressant à cet égard est fourni par le vers de Boileau déjà cité :

Pour prendre Dôle il faut que Lille soit rendue,

où la relation entre Dôle et Lille sera comprise, grâce au contexte, même par un hypothétique lecteur qui ne reconnaîtrait pas les deux noms de ville, le message de la phrase étant d'abord basé sur l'ordre chronologique des deux actions (1 – prendre Lille; 2 – prendre Dôle) et sur la condition que cet ordre implique (2 est obligatoire pour réaliser 1) puis sur une interprétation métaphorique de l'énoncé.

On peut en conclure que le nom propre n'est pas automatiquement banni de la maxime, mais que son emploi est conditionné par la présence, dans l'énoncé même, d'indices qui en permettent le déchiffrage immédiat.

Parmi *les pronoms* sujets de la maxime, *on* et *nous* sont certainement les plus fréquents, les plus représentatifs et par conséquent les plus remarqués.

---

90. Cf. aussi cette *gregueria* de Gómez de la Serna : « El que está en Venecia es el engañado que cree estar en Venecia. El que sueña con Venecia es el que está en Venecia. » (Celui qui est à Venise se leurre d'être à Venise. C'est celui qui rêve de Venise qui est à Venise). Le nom propre, universellement connu, s'accompagne ici de la connotation de merveilleux associée à la ville de Venise, ce qui renforce la signification générale et symbolique de la phrase : ce n'est qu'en rêve qu'on vit réellement le merveilleux.

— *On*, le pronom de la maxime par excellence, puise sa généralité dans le fait qu'il n'est pas marqué morphologiquement (genre, personne, nombre) et que, dans sa première acception, il désigne un être humain indéterminé. S'il a pu être qualifié de l' « universel des agents [91] » c'est parce que, ainsi que le remarque J. Dubois, « la quantité d'information apportée par *on* est la moindre de tout le système (des pronoms personnels) [92] ». Dans le cadre spécifique de la maxime, *on* n'est toutefois pas équivalent de *nous*, comme le prétend Meleuc, mais plutôt, en vertu de son étymologie (cas sujet du nom *homme* en ancienne langue), il correspond à une variante du nom *homme* (pris dans son sens générique) avec l'article défini. Voici seulement quelques exemples tirés des centaines, peut-être des milliers de phrases de ce type :

On a souvent besoin d'un plus petit que soi. (LF., *Le Lion et le rat*, II, 11)
On n'est jamais si heureux ni si malheureux qu'on s'imagine. (LR., 49)
A vaincre sans péril *on* triomphe sans gloire. (C., *Le Cid*, II, 2)
On peut trouver des femmes qui n'ont jamais eu de galanterie, mais il est rare d'en trouver qui n'en aient jamais eu qu'une. (LR., 73)
On n'est point criminel quand on punit un crime. (C., *Cinna*, III, 1)
On ne donne rien si libéralement que ses conseils. (LR., 110)
On ne se peut consoler d'être trompé par ses ennemis et trahi par ses amis, et l'on est souvent satisfait de l'être par soi-même. (LR., 114)
On est quelquefois aussi différent de soi-même que des autres. (LR., 135).
On parle peu quand la vanité ne fait pas parler. (LR., 137)
On aime mieux dire du mal de soi-même que de n'en point parler. (LR., 138)
On ne loue d'ordinaire que pour être loué. (LR., 146)
On trouve des moyens pour guérir de la folie, mais on n'en trouve point pour guérir un esprit de travers. (LR., 318)
On est quelquefois moins malheureux d'être trompé de ce qu'on aime, que d'en être détrompé. (LR., 395)

En étudiant l'emploi de on dans le proverbe, A. Grésillon et D. Maingueneau concluent que ce pronom privilégié par le discours d'autorité est « le véritable garant de la vérité du proverbe. Ce *on*, continuent-ils, qui représente l'opinion commune, « la sagesse des nations » en l'occurrence, est un agent vérificateur, une instance susceptible de valider une proposition ; il constitue le support de la *on*-vérité (du proverbe) [93] ».

91. S. Meleuc, *op. cit.*, p. 75.

92. J. Dubois, *Grammaire structurale du français*, Paris, Larousse, 1965, t. 1, *Le Nom et le pronom*, p. 114.

93. A. Grésillon et D. Maingueneau, « Polyphonie, proverbe et détournement, » in *Langages* 73, mars 1984, p. 113.

En réalité, *on* apparaît non pas comme une garantie de la vérité de la maxime (il n'existe pas de garantie pour la vérité des formes gnomiques, maximes ou proverbes) mais comme un indice de sa généralité, du fait qu'elle est censée être valide pour tout être humain [94]. C'est pourquoi dans toutes les maximes dont le sujet est *l'homme* ou les hommes, non modifié, la commutation avec le pronom est possible :

> Les hommes rougissent moins de leurs crimes que de leurs faiblesses et de leur vanité [...] (LB., IV, 74) – On rougit moins de ses crimes que de sa faiblesse et de sa vanité [...].
> Les hommes, sur la conduite des grands et des petits indifféremment, sont prévenus, charmés, enlevés par la réussite [...] (LB., XII, 113) – Sur la conduite des grands et des petits indifféremment, on est prévenu. etc.
> L'homme est plein de besoins [...]. Il n'aime que ceux qui peuvent les remplir tous. (P., Les Applications, D 605) – On est plein de besoins. On n'aime que ceux qui peuvent les remplir tous.
> Les hommes s'occupent à suivre une balle et un lièvre : c'est le plaisir même des rois (P., II, 39) – On s'occupe à suivre une balle et un lièvre. etc.

L'on ne sera donc pas étonné de trouver occasionnellement dans une même maxime *l'homme* ou *les hommes* en alternance avec *on* :

> *Les hommes* parlent de manière, sur ce qui les regarde, qu'ils n'avouent d'eux-mêmes que de petits défauts [...] Ainsi *l'on* se plaint de son peu de mémoire [...]; *l'on* reçoit le reproche de la distraction et de la rêverie [...]; *l'on* dit de soi qu'on est maladroit [...] (LB., XI, 67)

Tout aussi fréquent que *on, nous* représente pourtant un phénomène différent : tous les humains certes, mais considérés sous le prisme de la lecture, avec des références à l'auteur (émetteur) et au lecteur (récepteur) que nous tâcherons d'examiner dans ce qui suit. Le jeu sémantique de *nous* est plus complexe que celui de *on* : il tend à distinguer dans l'univers décrit par la maxime des groupes d'individus s'opposant les uns aux autres. *Nous* peut donc désigner :

a) l'ensemble des humains, comprenant l'auteur (*je*) et le lecteur (*tu*) :

> Nous avons plus de force que de volonté, et c'est souvent pour nous excuser à *nous-mêmes* que *nous nous* imaginons que les choses sont impossibles. (LR., 30)

---

94. Ch. Perelman et L. Olbrechts-Tyteca dans le *Traité de l'Argumentation. La nouvelle rhétorique*, remarquent que l'indéfini on est utilisé souvent afin d'indiquer une norme. « Comme le passage du normal au normatif est un lieu, cette tournure peut avoir un net intérêt argumentatif », écrivent-ils (p. 217).

Nous n'avons pas assez de force pour suivre toute *notre* raison. (LR., 42)
Notre humeur met le prix à tout ce qui *nous* vient de la fortune. (LR., 47)
Si *nous* résistons à nos passions, c'est plus par leur faiblesse que par *notre* force. (LR., 122)
Nous ne ressentons *nos* biens et *nos* maux qu'à proportion de notre amour-propre. (LR., 339)
Nous nous consolons souvent, par faiblesse, des maux dont la raison n'a pas la force de nous consoler. (LR., 325)

Nous représente dans ces exemples le genre humain dans sa totalité et certaines maximes soulignent ce caractère universel de la proposition au moyen du pronom *tous* en apposition avec *nous* sujet :

« *Nous* avons *tous* assez de force pour supporter les maux d'autrui ». (LR., 19)

b) l'auteur (*je*) et le lecteur (*tu*) opposés à une classe de gens explicitée par la phrase :

Les gens plus puissants que nous : « Nous nous persuadons souvent d'aimer les gens plus puissants que nous et néanmoins c'est l'intérêt seul qui produit notre amitié [...] » (LR., 85)
Nos amis : « Nous nous plaignons quelquefois légèrement de nos amis pour justifier par avance notre légèreté. » (LR., 179)
« Nous nous consolons aisément des disgrâces de nos amis, lorsqu'elles servent à signaler notre tendresse pour eux. » (LR., 235)
« Nous pardonnons aisément à nos amis les défauts qui ne nous regardent pas. » (LR., 428)
Ceux qui sont de notre avis : « Nous ne trouvons guère de gens de bon sens que ceux qui sont de notre avis. » (LR., 347)

c) l'auteur (*je*) et le lecteur (*tu*) opposés aux « hommes » :

— *à autrui* : Notre défiance justifie la tromperie d'autrui. (LR., 86)
Nous voyons en autrui beaucoup mieux qu'en nous-mêmes. (Scudéry, *La mort de César* [95], III, 1)
— *aux autres* : Si nous n'avions point de défauts, nous ne prendrions pas tant de plaisir à en remarquer dans les autres. (LR., 31)
Si nous n'avions point d'orgueil, nous ne nous plaindrions pas de celui des autres. (LR., 34)
Nous sommes si accoutumés à nous déguiser aux autres, qu'enfin nous nous déguisons à nous-mêmes. (LR., 119)
— *aux autres envisagés comme deux catégories s'opposant l'une à l'autre* :

95. Cité par J. Schérer, *op. cit.*, p. 331.

> Nous élevons la gloire *des uns* pour abaisser celle *des autres* [...] (LR., 198)
> Nous pardonnons souvent *à ceux qui nous ennuient*, mais nous ne pouvons pardonner à *ceux que nous ennuyons*. (LR., 304).
> Nous sommes plus près d'aimer *ceux qui nous haïssent* que *ceux qui nous aiment plus que nous ne voulons*. (LR., 321)
> Nous aimons mieux voir *ceux à qui nous faisons du bien* que *ceux qui nous en font*. (LR., 558)

Cette classe de maximes est particulièrement intéressante par le fait qu'elle place, formellement, l'auteur et le lecteur, dans la catégorie de gens indiquée par le sujet, mais les fait aussi participer, par un effet de réciprocité, à celle des objets. Dans ce type de maxime nous sommes, de manière alternée, nous-mêmes, ou « autrui », « les autres », etc.

Ces jeux très subtils s'appuient parfois sur des alternances de pronoms également complexes. Ainsi, dans cette maxime de La Rochefoucauld :

> Quand *nos amis nous* ont trompés, *on* ne doit que de l'indifférence aux marques de leur amitié, mais *on* doit toujours de la sensibilité à leurs malheurs. (434)

on ne reprend pas simplement *nous*, comme on serait tenté de le croire. Que *nous* (auteur + lecteur) soyons les trompeurs (amis) ou les trompés, ces derniers (*on*) doivent toujours tirer la leçon que la maxime préconise. *On* est donc, dans ces cas, le bénéficiaire présumé de l'enseignement de la maxime qui oppose deux classes de gens à laquelle peuvent se rattacher, tour à tour, le groupe formé par l'auteur et le lecteur (*nous*). Etant donné par ailleurs l'étendue de l'aire sémantique et la très grande souplesse d'emploi du pronom *on* en français classique, il est possible de le relever parfois, dans une même phrase, avec, d'une part, le sens général de destinataire de la formule, et d'autre part indiquant le groupe de gens s'opposant à *nous* :

> Il n'y a guère d'occasion où l'*on* fît un méchant marché de renoncer au bien qu'*on* dit de *nous*, à condition de n'en dire point de mal. (LR., 454)

d) l'auteur (*je*) et le lecteur (*tu*) opposés au reste des hommes, à l'humanité entière :

> Ne nous emportons point contre *les hommes* en voyant leur dureté, leur ingratitude, leur injustice, leur fierté, l'amour d'eux-mêmes et l'oubli des autres [...] (LB., XI, 1)

— Les tours impersonnels (*il y a, il est, il est + adj., c'est, il faut, il semble*) forment, comme il a été souvent remarqué, un corpus important de maximes :

Il y a des gens qui n'auraient jamais été amoureux, s'ils n'avaient jamais entendu parler de l'amour. (LR., 136)

Il faut de plus grandes vertus pour soutenir la bonne fortune que la mauvaise. (LR25)

Il est plus aisé d'être sage pour les autres que de l'être pour soi-même. (LR., 132)

Il est plus honteux de se défier de ses amis que d'en être trompé. (LR., 84).

Il n'y a qu'une sorte d'amour, mais il y en a mille différentes copies. (LR., 74)

Il semble que nos actions aient des étoiles heureuses ou malheureuses, à qui elles doivent une grande partie de la louange et du blâme qu'on leur donne. (LR., 58)

Il est du véritable amour comme de l'apparition des esprits : tout le monde en parle, mais peu de gens en ont vu. (LR76)

Il vaut mieux employer notre esprit à supporter les infortunes qui nous arrivent qu'à prévoir celles qui nous peuvent arriver. (LR., 174)

La maxime, comme on sait, est identifiée avec la phrase en *on*, *nous* et *il* impersonnel; cependant, la gamme des pronoms susceptibles d'assumer la fonction sujet est bien plus étendue. Pour commencer, même les pronoms personnels déictiques (*je*, *tu*, *vous*) peuvent acquérir dans certaines conditions un sens général, et accéder ainsi à la fonction de sujet de la maxime.

—*Vous* est employé, en effet, de manière générale dans des propositions déclaratives, afin de désigner l'ensemble des êtres humains (le lecteur inclus) dont l'auteur se dissocie :

Selon que vous serez puissant ou misérable,
Les jugements de cour vous rendront blanc ou noir. »
(LF., *Les Animaux malades de la peste*, VII, 1)
Quant à vous, suivez Mars, ou l'Amour, ou le Prince,
Allez, venez, courez, demeurez en province;
Prenez femme, abbaye, emploi, gouvernement :
Les gens en parleront, n'en doutez nullement [96].
(LF., *Le Meunier, son fils et l'âne*, III, 1)

96. Le passage est censé, en réalité, reproduire la réponse que Malherbe fit à Racan quand celui-ci lui demanda s'il devait « dans la province établir (son) séjour,/ prendre emploi dans l'armée, ou bien charge à la cour. » Afin d'appuyer son point de vue, Malherbe raconta d'abord l'aventure du meunier et de son fils, puis en tira la conclusion que nous avons citée. Mais, détachés du corps de la fable par un blanc typographique, et trop éloignés de l'épisode racontant la rencontre de Racan avec Malherbe, ces quatre vers se présentent en définitive comme la morale de l'œuvre, où *vous* ne désigne plus Racan, mais le lecteur et/ou l'ensemble des lecteurs: « les hommes ».

Les occurrences de ce pronom dans la maxime sont moins rares qu'on ne pourrait le penser, puisque *vous* et *tu* représentent des sujets implicites dans l'un des modèles les plus fréquents de la maxime : le précepte. Le chapitre consacré plus loin à ce type de formule (cf. « Le modèle prescriptif et ses variantes ») offre de nombreux exemples dont le verbe, à l'impératif, contient le sujet *vous* ou *tu*. En voici un seulement, afin d'illustrer la catégorie :

> Tenez toujours divisés les méchants :
> La sûreté du reste de la terre
> Dépend de là. (LF., *Les Vautours et les pigeons*, VII, 8)

— Un cas particulièrement intéressant est constitué par l'emploi, dans la maxime, des pronoms *je* et *me* avec les adjectifs possessifs correspondants. Comme *vous* et plus encore que lui, le pronom de première personne devrait être banni d'un énoncé où apparemment – mais apparemment seulement, comme on a pu le voir dans le cas de *vous* – l'auteur est censé s'effacer et disparaître. Or, comme *vous*, *je* peut aussi acquérir un sens absolu, désignant les hommes dans leur totalité, ou une classe particulière, selon le contexte. Le phénomène est même bien moins rare qu'on ne pourrait le supposer. Montaigne, par exemple, qui tirait toutes ses convictions de l'expérience personnelle, employait le pronom *je* tantôt pour se désigner lui-même en tant qu'individu, auteur des *Essais*, et tantôt pour se poser en représentant de l'espèce, « l'être éternel », que tout homme porte en lui :

> Je marche plus sûr et plus ferme à mont qu'à val [97].

Dans cette phrase à valeur métaphorique, *je* est pris de toute évidence en son sens général, comme d'ailleurs, aussi, dans le fameux « Que sais-je ? » question s'appliquant autant à Montaigne lui-même qu'à ses lecteurs.

Pour des raisons qui ne sont plus philosophiques, mais purement techniques et fonctionnelles, cette méthode est largement reprise par Boileau dans *L'Art poétique*. On ne mesure pas, à la lecture, tous les problèmes qu'a dû poser la composition d'une œuvre qui n'est qu'une suite ininterrompue de maximes, préceptes, proverbes et citations, elles aussi d'ordre général et à caractère autoritaire. L'une des difficultés majeures à résoudre a sans doute été le choix du sujet grammatical et/ou thématique de ces phrases. Aussi, à côté des pronoms *on*, *nous* et *il* impersonnel, *vous*

_____

97. E. Lablénie, *Essais sur Montaigne*, Paris, SEDES, 1967, p. 175.

à sens général est-il particulièrement fréquent, surtout dans le contexte du précepte, dont le verbe est le plus souvent à l'impératif. En réalité, toutes les variantes du sujet discutées dans le présent chapitre peuvent être relevées dans *L'Art poétique*. De plus, comme Montaigne, Boileau emploie un *je* qui le désigne clairement comme un individu particulier, l'auteur de l'œuvre :

> Le Tasse, dira-t-on, l'a fait avec succès. (l'emploi dans l'œuvre du merveilleux chrétien)
> *Je* ne veux pas ici lui faire son procès. (III, v.209-10)
> Pour *moi* [...] jusqu'ici nourri dans la satire,
> N'ose encor manier la trompette et la lyre (IV, v.223-4)

Ailleurs toutefois, *je* indique non plus l'auteur de *L'Art poétique*, mais n'importe quel écrivain, n'importe quelle personne qui, aspirant à la création littéraire, doit savoir éviter les pièges du style. Le caractère universel des pronoms *je* et *vous* est clairement démontré ici par leur alternance possible avec *nous* :

> Souvent la peur d'un mal *nous* conduit dans un pire :
> Un vers était trop faible, et *vous* le rendez dur ;
> *J'*évite d'être long et *je* deviens obscur. (I, v.64-6)

Plus souvent *je* (sujet grammatical) ou *me* (sujet thématique) a pour référent le récepteur de l'œuvre littéraire, l'archilecteur (avec lequel Boileau s'identifie) mis en opposition à l'écrivain (destinataire de *L'Art poétique*) désigné par *vous* :

> Si le sens de *vos* vers tarde à se faire entendre,
> *Mon* esprit aussitôt commence à se détendre ; (I, v.143-4)
> Le secret est d'abord de plaire et de toucher :
> Inventez des ressorts qui puissent *m'*attacher. (III, v.25-6)
> Pour *me* tirer des pleurs, il faut que *vous* pleuriez. (III, v.142)
> Voulez-*vous* longtemps plaire et jamais ne lasser ?
> *Faites* choix d'un héros propre à *m'*intéresser,
> En valeur éclatant, en vertus magnifique. (III v.245-7)

Occasionnellement, l'on peut relever ce procédé stylistique dans d'autres œuvres, moins sujettes que celle-ci à des contraintes contextuelles. Voici, par exemple, la morale de *La Laitière et le pot au lait* (LF., VII, 10) :

> *Chacun* songe en veillant ; il n'est rien de plus doux :
> Une flatteuse erreur emporte alors *nos* âmes ;
> Tout le bien du monde est à *nous*,
> Tous les honneurs, toutes les femmes.

Quand *je* suis seul, *je* fais au plus brave un défi ;
Je m'écarte, *je* vais détrôner le Sophi ;
On *m*'élit roi, *mon* peuple *m*'aime ;
Les diadèmes vont sur *ma* tête en pleuvant ;
Quelqu'accident fait-il que *je* rentre en *moi-même*,
Je suis gros Jean comme devant.

— Parmi les autres pronoms compatibles avec la fonction sujet de la maxime, on relève *tout/tous* (avec la variante *tout le monde*), *chacun*, *personne*, *nul* et *rien* qui, tous, visent à donner à la formule un caractère d'autorité absolue :

> *Tout* est dit, et l'on vient trop tard depuis plus de sept mille ans qu'il y a des hommes, et qui pensent. (LB., I, 1)
> Force gens veulent être dévots, mais *personne* ne veut être humble. (LR., 534)
> *Nul* ne mérite d'être loué de bonté s'il n'a pas la force d'être méchant : toute autre bonté n'est souvent qu'une paresse ou une impuissance de la volonté. (LR., 237)
> *Rien* ne ressemble plus à la vive persuasion que le mauvais entêtement : de là les partis, les cabales, les hérésies. (LB., XII, 1)
> *Chacun* a son défaut où toujours il revient :
> Honte ni peur n'y remédie. (LF., *L'Ivrogne et sa femme*, III, 7)
> *Rien* n'est si dangereux qu'un ignorant ami ;
> Mieux vaudrait un sage ennemi. (LF., *L'Ours et l'amateur de jardins*, VIII, 10)

Parfois deux de ces pronoms se trouvent contrastés dans une maxime formée de deux propositions coordonnées :

> *Chacun* dit du bien de son cœur, et *personne* n'ose en dire de son esprit. (LR., 98)
> *Tout le monde* se plaint de sa mémoire, et *personne* ne se plaint de son jugement. (LR., 89)

— La relative sans antécédent introduite par *qui* est, elle aussi, particulièrement productive, sans doute parce que, en calquant l'un des modèles les plus dominants du proverbe, la maxime en acquiert un surcroît d'autorité. J. Schérer, qui offre toute une collection d'exemples tirés du théâtre classique, attire aussi l'attention sur les avantages stylistiques considérables que présente ce type de formule :

> Il existe un pronom, dit-il, qui jouit d'une grande fortune au début des sentences. C'est *qui* dans le sens de *celui qui*. Il a le double avantage d'être accentué et de permettre, dans une forme d'écriture où l'économie

des mots est de règle, d'exprimer en une seule syllabe le sujet de la proposition principale et celui de la proposition relative [98].

Voici ses exemples :

Qui souhaite la mort craint peu, quoi qu'il advienne. (Rotrou, *Venceslas*, IV, 2)
Qui vit haï de tous ne saurait longtemps vivre. (C., *Cinna*, I, 2)
Qui pardonne aisément invite à l'offenser. (C., *Cinna*, IV, 2)
Qui fuit croit lâchement et n'a qu'une foi morte. (C., *Polyeucte*, II, 6)
Qui se venge à demi court lui-même à sa peine. (C., *Rodogune*, V, 1)
Qui veut bien commander doit savoir obéir. (Mareschal, *Papyre*, III, 1)
Qui peut chercher la mort ne craint pas de mourir. (Thomas Corneille, *Timocrate*, IV, 8)
Qui s'apprête à trahir consent qu'on le trahisse. (Boyer, *La Mort de Démétrius*, III, 6)
Qui peut perdre son roi ne connaît point de dieux. (Thomas Corneille, *Camma*, III, 4)

Cette tournure est fréquente surtout parmi les maximes versifiées. Nous n'avons relevé, en effet, qu'une phrase de ce genre chez La Rochefoucauld :

Qui vit sans folie n'est pas si sage qu'il croit. (LR., 209)

mais celles en *ce qui, ce que, celui, ceux qui*, voire *celui-là qui* sont en revanche nombreuses dans toutes les œuvres dépouillées :

Ce qui nous rend si changeants dans nos amitiés, c'est qu'il est difficile de connaître les qualités de l'âme, et facile de connaître celles de l'esprit. (LR., 80)
Ce qui nous fait aimer les nouvelles connaissances n'est pas tant la lassitude que nous avons des vieilles, ou le plaisir de changer, que le dégoût de n'être pas assez admirés de ceux qui nous connaissent trop, et l'espérance de l'être davantage de ceux qui ne nous connaissent pas tant. (LR., 178)
Ce qui nous empêche souvent de nous abandonner à un seul vice est que nous en avons plusieurs. (LR., 195)
Ce qui fait que les amants et les maîtresses ne s'ennuient point d'être ensemble, c'est qu'ils parlent toujours d'eux-mêmes » (LR., 312)
Ce que les hommes ont nommé amitié, n'est qu'une société, qu'un ménagement réciproque d'intérêts [...] (LR., 83)
Tout *ce qu'on* dit de trop est fade et rebutant. (B., I, v.61)

---

98. J. Schérer, *op. cit.*, p. 332.

Ce que l'on conçoit bien s'énonce clairement. (B., I, v.153)
Celui qui croit pouvoir trouver en soi de quoi se passer de tout le
monde se trompe fort ; mais *celui qui* croit qu'on ne peut se passer de
lui se trompe encore davantage. (LR., 201)
Ceux qui s'appliquent trop aux petites choses deviennent ordinairement incapables des grandes. (LR., 41)
Celui-là n'est pas raisonnable *à qui* le hasard fait trouver la raison,
mais *celui qui* la connaît, qui la discerne et la goûte. (LR., 105)

● Le sujet thématique

Le sujet thématique de la maxime est presque toujours *l'homme* dans
son sens générique d'*être humain*, avec ses variantes paradigmatiques : la
femme/les femmes, les vieux, les jeunes, les enfants, etc... ou les pronoms
on et *nous* sous-entendus. Cependant, afin de varier le style, ou pour des
besoins d'économie, ou bien afin de rendre l'expression plus frappante
et/ou lui donner une allure paradoxale, le sujet thématique de la formule
ne coïncide pas avec le sujet grammatical. Dans un grand nombre de
maximes, ce dernier s'exprime par un nom abstrait, alors que le sujet thématique se trouve camouflé dans le texte sous forme d'adjectif possessif
ou de complément d'objet direct ou indirect.

L'orgueil, qui *nous* inspire tant d'envie, *nous* sert souvent aussi à la
modérer. (LR., 281)

Dans cet exemple, comme dans les suivants, le vrai agent est *nous* et la
phrase pourrait être réécrite avec ce pronom en position sujet. Parfois *nous*
est même indiqué comme sujet et agent, mais il est, en même temps, habilement occulté par son insertion dans une proposition subordonnée, alors
que la phrase a pour sujet déclaré un nom abstrait ou un *il* impersonnel :

Le mal [que *nous* faisons] ne *nous* attire pas tant de persécution et de
haine que *nos* bonnes qualités. (LR., 29)
Il y a une élévation qui ne dépend point de la fortune : c'est un certain
air qui *nous* distingue et qui semble *nous* destiner aux grandes choses ;
c'est un prix [que *nous nous* donnons imperceptiblement à nous-
mêmes] ; c'est par cette qualité que *nous* usurpons les déférences des
autres hommes, et c'est elle d'ordinaire qui *nous* met plus au-dessus
d'eux que la naissance, les dignités et le mérite même. (LR., 399)

Le *nous* est totalement supprimé dans certaines autres maximes, qui en
gagnent une grande force expressive :

Le ridicule déshonore plus que le déshonneur » (LR., 326). Le ridicule
nous déshonore...

La plupart des amis dégoûtent de l'amitié, et la plupart des dévots dégoûtent de la dévotion. (LR., 427). La plupart des amis *nous* dégoûtent de l'amitié...

Il est plus aisé de connaître l'homme en général, que de connaître un homme en particulier. (LR., 436). Il *nous* est plus aisé...

Grâce à sa parenté sémantique avec le passif, le verbe à la voix pronominale implique, lui aussi, le sujet thématique universel *on* ou *nous* :

Cette clémence, dont on fait une vertu, *se pratique* tantôt par vanité, quelquefois par paresse, souvent par crainte, et presque toujours par tous les trois ensemble. (LR., 16) – *on, nous* la pratique/ons.

La gloire des grands hommes *se doit* toujours mesurer aux moyens dont ils se sont servis pour l'acquérir. (LR., 157)

Ce qui *se trouve* le moins dans la galanterie, c'est de l'amour (LR., 402)

L'air bourgeois *se perd* quelquefois à l'armée, mais il ne *se perd* jamais à la cour. (LR., 393)

Certaines maximes indiquent indirectement la tranche d'humanité qu'elles décrivent :

Il est plus difficile d'être fidèle à sa maîtresse quand on est heureux que quand on en est maltraité (LR., 331)

choisit délibérément « la maîtresse » et non « la personne aimée », restreignant ainsi la validité de la formule aux seuls hommes. Il en va de même pour les exemples suivants, où le contenu de la maxime définit l'aire sémantique du sujet grammatical *on* :

On sait assez qu'il ne faut guère parler de *sa femme*, mais on ne sait pas assez qu'on devrait encore moins parler de soi. (LR., 364)

Si on croit aimer *sa maîtresse* pour l'amour d'elle, on est bien trompé. (LR., 374).

Inversement, certaines maximes dont le sujet est *on* se rapportent aux seules femmes :

On garde longtemps *son premier amant*, quand on n'en prend point de second. (LR., 396)

Le plus grand miracle de l'amour, c'est de guérir de la *coquetterie*. (LR., 349)

Il ne sert de rien d'être jeune sans être belle, ni d'être belle sans être jeune. (LR., 497)

La personnification d'une notion abstraite (le plus souvent une qualité humaine) crée aussi un grand nombre de maximes apparemment impersonnelles :

La vertu n'irait pas si loin si la vanité ne lui tenait compagnie (LR., 200) – *Notre* vertu...
L'intérêt parle toutes sortes de langues et joue toutes sortes de personnages, même celui de désintéressé. (LR., 39)

La personnification exprime parfois, en raccourci, une relation causale ou instrumentale entre des caractéristiques ou des actions du sujet impliqué : *on* ou *nous.*

La philosophie triomphe aisément des maux passés et des maux à venir, mais les maux présents triomphent d'elle. (LR., 22) – L'on triomphe aisément, *par la philosophie*, des maux passés et des maux présents...
L'esprit ne saurait jouer longtemps le personnage du cœur. (LR., 108).
— L'on ne saurait se servir longtemps *de l'esprit* afin de feindre les sentiments.
L'orgueil ne veut pas devoir, et l'amour-propre ne veut pas payer. (LR., 228) – *Par orgueil*, on ne veut pas devoir et *par amour-propre*, on ne veut pas payer.
L'intérêt met en œuvre toutes sortes de vertus et de vices. (LR., 253).
— Nous mettons en œuvre, *par intérêt*...

Une technique proche de la personnification est l'emploi, par synecdoque, de la qualité, pour l'être humain qui la possède :

L'orgueil se dédommage toujours et ne perd rien, lors même qu'il renonce à la vanité (LR., 33) – L'orgueilleux se dédommage toujours...
La magnanimité méprise tout, pour avoir tout » (LR., 248) – L'homme qui passe pour magnanime...

La substitution du sujet thématique très limité par des sujets nominaux grammaticaux variés constitue l'un des moyens les plus fréquents, les plus élégants et les plus efficaces pour condenser l'expression, tout en intensifiant la force stylistique.

Le verbe

Le caractère du système verbal (propre au modèle de la maxime) montre que le rôle du verbe sera réduit dans notre type de discours, déclare S. Meleuc. Le verbe est, en effet, privé de la plupart des marques qui lui sont propres, puisque l'information apportée par ces marques est exclue. Seule la variation en Nombre (sic) est maintenue, mais elle n'est en rien intéressante pour définir ce type de discours.

Meleuc constate par la suite « la prépondérance statistique du verbe *être* sur tous les autres verbes, naturellement à la forme *est*[99] ». Dans son *Traité de l'Argumentation*, Ch. Perelman énonce la même règle :

> Le présent est le temps de la maxime, de la sentence, c'est à dire de ce qui est considéré comme toujours actuel, jamais périmé, [...] c'est lui qui exprime le mieux le normal dans son passage vers la norme.

Aux valeurs de vérité et d'omnitemporalité du présent, Perelman oppose le passé, temps de « l'irréfragable, (du) fait[100] ». Dans le cas de Méleuc ces conclusions s'expliquent peut-être par le fait qu'il prend pour corpus unique le recueil de maximes de La Rochefoucauld, qui privilégie, effectivement, le présent omnitemporel et pratique sur une échelle très large la formule de la définition, que nous analyserons plus loin. J. Schérer, qui, en étudiant la maxime dans le théâtre classique, passe en revue un nombre bien plus grand d'auteurs et d'œuvres, découvre que la recherche de l'expression de portée générale ne conduit pas nécessairement au seul présent de l'indicatif :

> [...] de même que la généralité des noms ou des pronoms doit se fonder sur leur sens et non sur leur forme, il s'agit ici (dans la maxime) d'un temps conçu comme présent, bien que pouvant parfois s'exprimer par d'autres formes grammaticales. Dans la quasi-totalité des sentences, le verbe est au présent de l'indicatif. Mais un passé d'expérience, par exemple, pourra avoir une valeur de présent[101].

Dans un ouvrage où les exemples abondent, Schérer n'en propose ici qu'un seul, tiré d'*Horace* :

> Un premier mouvement ne fut jamais un crime. (V, 3)

Grevisse (§720) confirme cette valeur du « passé d'expérience » :

> Le passé simple peut s'employer comme équivalent du présent pour exprimer une vérité générale, un fait d'expérience, un aphorisme : c'est le passé d'habitude.

Il propose, en illustration, un vers tiré du *Lutrin* de Boileau :

> [...] un dîner réchauffé ne valut jamais rien.

99. S. Meleuc, *op. cit.*, p. 77.

100. Ch. Perelman, *op. cit.*, p. 216.

101. J. Schérer, *op. cit.*, p. 327.

En réalité, le passé simple est bien plus fréquent dans le discours d'autorité qu'on n'a l'habitude de le dire, seul, ou en rapport avec un autre temps, notamment le présent ou le futur :

> Un bienfait reproché *tint* toujours lieu d'offense (R., *Iphigénie*, IV, 6)
> Jamais un bon sujet ne *devint* mauvais prince. (C., *Pulchérie*, II, 2)
> Qui ne *sait* se borner ne *sut* jamais écrire. (B., I, v.63)
> Deux sûretés *valent mieux* qu'une,
> Et le trop en cela ne *fut* jamais perdu.
> (LF., *Le Loup, la chèvre et le chevreau*, IV, 15)

L'on constatera que le passé simple s'accompagne toujours des adverbes *toujours* ou *jamais* (cf. Grévisse : « le passé d'habitude ») destinés à imprimer un caractère général à l'action qu'il exprime.

Moins fréquent, le passé composé peut, lui aussi, indiquer la conclusion irréfutable de l'expérience et la mettre en rapport avec le présent :

> [...] de tout temps
> Les petits *ont pâti* des sottises des grands.
> (LF., *Les Deux Taureaux et une grenouille*, II, 4)
> [...] Tout ce que les uns *ont pu dire* pour montrer la grandeur *n'a servi*
> que d'un argument aux autres pour conclure la misère [...]
> (P., VII, 122)
> Quels courages Vénus *n'a-t-elle pas domptés*? (R., *Phèdre*, I, 1)
> Quand la perte est vengée, on *n'a* plus *rien perdu*. (C., *Horace*, IV, 5)
> [...] la nature
> *A mis* dans chaque créature
> Quelque grain d'une masse où puisent les esprits [...]
> (LF., *Les Lapins*, X, 15)
> [...] qui *n'a point failli* accuse quand il craint.
> (Rotrou, *La Bague de l'oubli*, II, 3 [102]).

La généralité du passé composé est parfois liée au sens premier de cette forme verbale : une action passée dont les effets se font sentir au présent.

> On *a fait* une vertu de la modération, pour borner l'ambition des grands hommes et pour consoler les gens médiocres de leur peu de fortune et de leur peu de mérite. (LR., 308)

Mais le jeu des temps et des modes dans le système verbal de la maxime est loin de se limiter aux quelques cas remarqués par la critique. Il existe des maximes au futur [103] :

---

102. *Ibid.*, p. 323.

103. M. Riegel (« 'Qui dort dîne' ou le pivot implicatif dans les énoncés parémiques », in *TraLi-Li* XXIV, 1, 1986, p. 9, note 8) constate l'emploi du futur dans le proverbe (ex. : Qui vivra verra) et

Selon que vous *serez* puissant ou misérable,
Les jugements de cour vous *rendront* blanc ou noir. »
(LF., *Les Animaux malades de la peste*, VII, 1)
Les envieux *mourront*, mais non jamais l'envie. (M., *Le Tartuffe*, V, 3)

Il existe des maximes au conditionnel présent :

Il *faudrait* pouvoir répondre de sa fortune, pour pouvoir répondre de ce que l'on fera. (LR., 574)
Les infidélités *devraient* éteindre l'amour, et il ne *faudrait* point être jaloux, quand on a sujet de l'être : il n'y a que les personnes qui évitent de donner de la jalousie qui soient dignes qu'on en ait pour elles. (LR., 359)

Une phrase conditionnelle peut elle aussi constituer une maxime :

Si nous *n'avions* points de défauts, nous ne *prendrions* pas tant de plaisir à en remarquer dans les autres. (LR., 31)
Si nous *n'avions* point d'orgueil, nous ne nous *plaindrions* pas de celui des autres. (LR., 34)
On *n'aurait* guère de plaisir si on ne *se flattait* jamais. (LR., 123)
Si nous ne nous *flattions* point nous-mêmes, la flatterie des autres ne nous *pourrait* nuire. (LR., 152)
La vertu *n'irait* pas si loin si la vanité ne lui *tenait* compagnie. (LR., 200)
Nous *aurions* souvent honte de nos plus belles actions, si le monde *voyait* tous les motifs qui les produisent. (LR., 409)
Les querelles ne *dureraient* pas longtemps si le tort *n'était* que d'un côté. (LR., 496)

La condition peut se trouver parfois impliquée dans le contexte :

Un homme d'esprit *serait* souvent bien embarrassé sans la compagnie des sots. (LR., 140)
Un bonheur continu *rendrait* l'homme superbe.
(M., *L'Ecole des femmes*, V, 8)

Si ces formes sont relativement rares comparées à l'emploi massif du présent de l'indicatif, un autre mode verbal dont on ne parle jamais – l'impératif – est, lui, extrêmement fréquent. De la même manière dont le verbe *être* au présent crée une large sous-classe de maximes (les définitions ou aphorismes), l'impératif représente l'un des signes distinctifs d'une autre sous-classe importante : le précepte. En effet, puisque dans la plupart des définitions de la maxime il est précisé qu'elle énonce une

---

couple passé composé – futur qui, selon lui, « permettent de décaler les occurrences SV_0-SV_1 par rapport à un moment d'origine lui-même dépourvu d'ancrage référentiel ».

règle de conduite ou une règle morale, l'on ne s'étonnera pas que – comme dans le proverbe – cette règle soit souvent exprimée à l'impératif. Il est intéressant de voir, d'ailleurs, que, tandis que le moule de la maxime dont le sujet est *on* (*on* doit) ou *il* impersonnel (*il faut, il vaut mieux*) a été souvent décrit et analysé, les formules à l'impératif ne sont presque jamais mentionnées dans ces descriptions, bien que leur signification soit la même : car il y a la même intensité d'exhortation dans

> *C'est* un exemple *à fuir* que celui des forfaits. (C., *Cinna*, III, 1)
> *Il faut*, autant qu'on peut, obliger tout le monde.
> (LF., *Le Lion et le rat*, II, 11)
> En toute chose *il faut* considérer la fin.
> (LF., *Le Renard et le bouc*, III, 5)
> [...] *il ne faut* jamais vendre la peau de l'ours qu'on ne l'ait mis par terre. (LF., *L'Ours et les deux compagnons*, V, 20)
> Rien ne sert de courir ; *il faut* partir à point.
> (LF., *Le Lièvre et la tortue*, VI, 10)

et l'on pourrait facilement réécrire chacune de ces phrases à l'impératif. D'ailleurs, *il faut* et l'impératif alternent parfois à l'intérieur d'une même maxime :

> Petits princes, *videz* vos débats entre vous :
> De recourir au rois vous seriez de grands fous.
> Il *ne les faut* jamais engager dans vos guerres,
> Ni les faire entrer sur vos terres.
> (LF., *Le Jardinier et son seigneur*, IV, 4)

Les fonctions syntaxiques autres que le sujet et le verbe

Contrairement à ce que laissent entendre les études sur la structure de la maxime, il n'y a pas de limitation en ce qui concerne l'emploi des déterminants, des pronoms et des adverbes à l'intérieur de la formule, tant que leurs antécédents y sont aussi inclus. Il est faux, par exemple, que les objets et les autres compléments, « s'ils sont des pronoms, doivent [...], dans la sentence, avoir une portée générale [104] ». Nous avons déjà vu que le démonstratif anaphorique est permis à tous les niveaux de l'énoncé. D'autres éléments linguistiques essentiellement anaphoriques, tels que *en* et *y*, s'y rencontrent aussi dans les mêmes conditions :

> Il faut gouverner la fortune comme la santé : *en* jouir quand elle est bonne, prendre patience quand elle est mauvaise, et ne faire jamais de grands remèdes sans un extrême besoin. (LR., 392)

---

104. J. Schérer, *op. cit.*, p. 327.

On ne doit pas juger du mérite d'un homme par ses grandes qualités, mais par l'usage qu'il *en* sait faire. (LR., 437)

Lorsque la fortune nous surprend en nous donnant une grande place, sans nous *y* avoir conduit par degrés, ou sans que nous nous *y* soyons élevé par nos espérances, il est presque impossible de s'*y* bien soutenir et de paraître digne de l'occuper. (LR., 449)

Il va sans dire que ces mêmes pronoms, ainsi que *il/elle/ils/elles*, les objets directs et indirects de troisième personne et nombre d'autres éléments, tels que les quantitatifs *si* et *tant* annulent la maxime s'ils se rapportent à un référent extérieur. La fameuse réplique de Mme Pernelle, dans *Le Tartuffe* :

Quiconque à son mari veut plaire seulement,
[Ma bru], n'a point besoin de *tant* d'ajustement. (I, 1)

n'est pas une maxime, non pas à cause de l'apostrophe (ma bru), qui peut en être extraite, mais à cause de *tant*, qui renvoie à la situation immédiate, à savoir la toilette d'Elmire, considérée comme trop élégante par la belle-mère. De même, quand Alceste (qui profère un grand nombre de maximes et de préceptes dans *Le Misanthrope*) parlant d'amitié, dit qu'elle

[...] demande un peu *plus* de mystère,
Et c'est assurément en profaner le nom
Que de vouloir le mettre à toute occasion (I, 2)

il n'énonce pas une maxime, parce que le quantitatif *plus*, référant spécifiquement à ses relations avec Oronte, est déictique. Dans les vers suivants, tirés du *Cid*, c'est le mot *si* qui enlève à la phrase son indépendance sémantique :

[...] lorsque la valeur ne va point dans l'excès,
Elle ne produit point de *si* rares succès. (IV, 3)

Mais il serait faux de penser, en se fondant sur ces exemples, que des adverbes tels que *tant*, *plus*, *le plus*, *moins*, *si*, etc..., sont nécessairement exclus de la maxime; à preuve ces vers d'*Horace* que nous avons déjà cités :

Mourir pour le pays est un *si* digne sort
Qu'on briguerait en foule une *si* belle mort. (II, 3)

où le premier *si* est en corrélation avec la consécutive introduite par *que* et le deuxième réfère à la proposition principale.

De cette analyse des caractéristiques structurelles de la maxime il est donc possible de tirer deux conclusions majeures : la première, déjà formulée dans les études précédentes, stipule que le principe primordial régissant l'emploi de chaque composant est la préservation nécessaire et obligatoire de l'autonomie référentielle et grammaticale de l'énoncé; la deuxième, jamais mentionnée jusqu'ici, c'est qu'il n'est pas d'élément linguistique ou de moyen technique dont l'emploi soit interdit dans la maxime, s'il remplit la condition précédente. Ce deuxième volet de la description est essentiel pour une définition correcte du modèle non seulement parce qu'il rend compte de sa complexité, mais aussi, et surtout, parce que c'est ce potentiel expressif qui permet à ce qui n'est d'abord perçu que comme une simple formule sujette à des représentations schématiques d'accéder au statut de genre littéraire à part entière.

L'EXTENSION DE LA MAXIME

L'idée de généralité fait partie de la définition de la maxime. L'analyse de la forme a mis en évidence la fréquence des pronoms *on* et *nous* en position de sujet grammatical et thématique, de la tournure impersonnelle et du verbe à valeur intemporelle, comme étant à la fois les indices de l'universalité et les moyens techniques pour l'obtenir.

Généralité et autorité sont deux notions étroitement liées dans le contexte des énoncés gnomiques. Comme le proverbe, la maxime est censée formuler des remarques fondées sur l'expérience, ce qui, d'une part, lui permet de généraliser, et d'autre part la rend apte à servir de témoignage ou d'argument digne d'être cité. Cependant, de ce point de vue, la maxime est fondamentalement différente du proverbe. « Sagesse des nations », ayant emporté l'adhésion d'un nombre infini de membres d'une communauté donnée à travers le temps, celui-ci a passé avec succès l'épreuve du nombre et de la durée. Sa survie même apparaît dès lors comme une preuve du fait qu'il véhicule une vérité incontestable, parce que continuellement confirmée par l'usage. C'est pourquoi l'antiquité du proverbe constitue d'une part l'un de ses traits définitoires (Aristote considérait déjà que le proverbe était caractérisé par son ancienneté, sa concision et son potentiel citationnel), et représente, d'autre part, la garantie même de sa vérité, puisque sa pérennité résulte d'une sélection continuelle et d'une permanente mise à l'épreuve. Selon un collectionneur anglais anonyme du début du XIXe siècle, le proverbe « ayant survécu aux fluctuations de l'opinion temporaire », représente, en effet « un test de la vérité [105] ». Ce statut prestigieux investit le

---

105. Cité par. J. Whiting, *op. cit.*, p.299.

proverbe d'une autorité unique, qui se reflète dans sa forme : un type d'énoncé qui affirme de manière catégorique et n'admet aucune exception. Les études formelles récentes du proverbe ont toutefois mis en évidence le fait que ce modèle constitue non pas *l'expression*, mais *l'apparence* de la vérité, obtenue au moyen d'un moule généralisant. Ainsi, le proverbe décrète, par exemple, des relations infaillibles de cause à effet (Qui va à la chasse perd sa place; Qui veut noyer son chien l'accuse de la rage; Tant va la cruche à l'eau qu'à la fin elle se casse; etc...) ou des conséquences présentées comme inévitables et qui vont parfois jusqu'à l'absurde, telles la superstition érigée en règle (Mariage pluvieux, mariage heureux) ou le proverbe météorologique (Noël au balcon, Pâques aux tisons).

Il n'en va pas de même pour la maxime, création originale, attestation de l'expérience individuelle, et qui ne peut par conséquent pas prétendre à la généralisation totale. L'on se souvient d'ailleurs qu'Aristote contestait aux jeunes le droit d'énoncer des maximes et considérait comme valides uniquement les observations des « hommes âgés » et, de surcroît, « sur des questions où ils sont compétents; [...] en ce qui concerne les questions où l'on n'est pas compétent, (l'emploi de la maxime) est bête et témoigne d'un manque de culture », selon Aristote [106].

En tant qu'opinion individuelle la maxime n'entraîne pas automatiquement l'adhésion et semble par conséquent avoir moins droit à la généralisation autoritaire. Le choix du moule proverbial catégorique représente donc pour l'auteur de maximes une stratégie délibérée pour imprimer à l'énoncé l'apparence de la vérité et lui conférer ainsi une autorité qui le rende apte à la citation. Cette technique était fréquente chez les auteurs anciens. Il n'est que de parcourir, par exemple, les *Essais* de Montaigne et d'examiner rapidement la collection de citations latines et bibliques qu'ils offrent, pour s'apercevoir que ces phrases constituent dans leur presque totalité des affirmations catégoriques [107] :

> Malum consilium est quod mutare non potest (C'est une mauvaise résolution que celle sur laquelle on ne peut pas revenir.– Publius Syrus, cité par Montaigne, II, 1, t. I, p. 332).
> Ducimur ut nervis alienis mobile lignum. (Nous nous laissons conduire comme une marionnette par ses ficelles.– Horace, *Satires*, II, VII, 82, cité par Montaigne, II, 1, t. I, p. 333).

---

106. *The Rhetoric of Aristotle*, translated by Sir R.C. Jebb, ed. by J.E. Sandys, Cambridge 1909, p. 114, cité par B.J. Whiting, *op. cit.*, p. 277.

107. Les exemples suivants et leur traduction sont tirés des *Essais de Michel de Montaigne*, publiés par P. Villey, Paris, P.U.F., 1978. Le numéro de la page renvoie à cette édition.

Fluctuamus inter varia consilia; nihil libere volumus, nihil absolute, nihil semper. (Nous flottons entre divers avis; nous ne voulons rien librement, rien absolument, rien constamment.– Sénèque, *Epîtres*, LII. Cette maxime, traduite en français, a été incorporée par Montaigne dans son texte : II, 1, t. I, p. 333).
Nemo in sese tentat descendere. (Personne ne tente de descendre en soi-même : Perse, IV, 23 cité dans II, 17, t. I, p. 658).

Les exemples de ce genre abondent dans les textes latins :

Nihil est ab omni parte beatum. (Il n'y a pas de bonheur parfait. – Horace, *Odes* II, 16, 27-28)
Nemo sine crimine vivit. (Personne ne vit sans crime : Cato)

Ces maximes affirment avec une grande autorité des faits présentés comme des lois sur lesquelles on ne peut formuler aucune réserve. Cette tendance s'appuie sur un vocabulaire abondant en termes absolus : *personne, jamais, rien, chacun*. Montaigne pratique lui-même la maxime à autorité absolue et, dans la préface à un recueil de citations sentencieuses tirées des *Essais*, E. Lablénie remarque très pertinemment que le scepticisme n'empêche pas Montaigne d'avoir des certitudes :

Toutes actions publiques sont sujettes à incertaines et diverses interprétations; car trop de têtes en jugent. (III, 10, t. II, p. 1 020)
Les naturels sanguinaires à l'endroit des bêtes témoignent d'une propension naturelle à la cruauté. (II, 11, t. I, p. 433).
Nature a [...] elle-même attaché à l'homme quelque instinct à l'inhumanité [...] (II, 11, t. I, p. 433)

L'une des différences les plus fondamentales entre le proverbe collectif et la maxime individuelle est de pouvoir, dans le cas de cette dernière, nuancer la pensée. L'opinion d'un seul doit en effet susciter un doute quant à l'universalité de la pensée émise; aussi, de nombreux auteurs atténuent-ils leurs sentences par des limitations internes de leur extension. Cette pratique va, bien entendu, à l'encontre de la définition de la maxime, où le caractère général absolu de la formule apparaît comme un trait majeur. On peut trouver des maximes à extension réduite déjà en latin :

Multa dies variusque labor mutabilis aevi
Rettulit in melius; multos alterna revisens
Lusit, et in solido rursus fortuna locavit.(Souvent le temps, qui produit des effets divers dans son cours inconstant, a rétabli des destinées brisées; souvent la fortune, revenant à ceux qu'elle avait abattus, s'est fait un jeu de les remettre en lieu sûr. – Virgile, *L'Enéide*, XI, 425, cité par Montaigne, II, 3, t. I, p. 355)

Paucis opus est litteris àd mentem bonam. (Il ne faut guère de lettres pour former une âme saine. – Sénèque, *Epîtres* CVI, cité par Montaigne, III, 12, t. II, p. 1039)

Le XVIIe siècle français présente, de ce point de vue, une tendance particulièrement forte vers la maxime non catégorique. Les citations illustrant les chapitres précédents le montrent assez. Ce n'est pas que les affirmations absolues manquent de ces textes; on les trouve, au contraire, nombreuses, dans les œuvres de certains auteurs – Corneille, par exemple :

> [...] aux âmes bien nées
> La valeur n'attend point le nombre des années. (*Le Cid*, II, 2)
> [...] le fils dégénère
> Qui survit un moment à l'honneur de son père. (*Le Cid*, II, 2)
> Les hommes valeureux le sont du premier coup. (*Le Cid*, II, 3)
> A qui venge son père il n'est rien impossible. (*Le Cid*, II, 2)
> Qui maudit son pays renonce à sa famille. (*Horace*, IV, 6)

Pourtant Corneille aussi nuance souvent ses maximes :

> Qui veut mourir ou vaincre est vaincu rarement. (*Horace*, II, 1)

Pascal, dont le but est de dégager les lois qui gouvernent l'univers humain, offre aussi de nombreux exemples de maximes catégoriques :

> Tous les hommes recherchent d'être heureux. Cela est sans exception, quelques différents moyens qu'ils y emploient. Ils tendent tous à ce but. (P., X, 148)
> Les seules règles universelles sont les lois du pays aux choses ordinaires et la pluralité aux autres. D'où vient cela? de la force qui y est. (P., V, 81)

La réduction de l'extension de la maxime est réalisée par deux moyens majeurs : le rétrécissement de la catégorie concernée par la loi énoncée par la formule; la limitation de l'efficacité de cette loi.

Le rétrécissement de la catégorie visée par la maxime

Elle s'opère au niveau du sujet, par *un choix plus précis et plus nuancé*; en effet, à côté des nombreuses maximes portant sur les hommes, les femmes, les jeunes, les vieux, en général, et sur des notions tels que l'amour, l'amour-propre, l'orgueil, la vanité, la passion, la jalousie, la fidélité, le bonheur, le malheur, la modération, l'éducation, la philosophie, la sagesse., prises dans leur sens le plus large, nous en relevons d'autres, également nombreuses, qui détaillent les multiples facettes de ces constantes humaines. Les notions abstraites font, dès lors, l'objet d'une analyse qui produit des maximes différentes pour les différents aspects de la question. Non plus « l'amour », mais :

Il est du *véritable amour* comme de l'apparition des esprits : tout le monde en parle, mais peu de gens en ont vu. (LR., 76)
Dans la *vieillesse de l'amour*, comme dans celle de l'âge, on vit encore pour les maux, mais on ne vit plus pour les plaisirs. (LR., 430)

Non plus « la modération », mais

La *modération des personnes heureuses* vient du calme que la bonne fortune donne à leur humeur. (LR., 17)
La *modération dans la bonne fortune* n'est que l'appréhension de la honte qui suit l'emportement, ou la peur de perdre ce que l'on a. (LR., 565)

Et aussi :

La *constance des sages* n'est que l'art de renfermer leur agitation dans le cœur. (LR., 20)
La *constance en amour* est une inconstance perpétuelle [...] (LR., 175)
La *clémence des princes* n'est souvent qu'une politique pour gagner l'affection des peuples. (LR., 15)
La *haine pour les favoris* n'est autre chose que l'amour de la faveur. (LR., 55)
De toutes *les passions violentes*, celle qui sied le moins mal aux femmes, c'est l'amour. (LR., 466)
Dans *les premières passions*, les femmes aiment l'amant ; et dans les autres, elles aiment l'amour. (LR., 471)
L'*honnêteté des femmes* est souvent l'amour de leur réputation et de leur repos. (LR., 205)

Les classes des « hommes » et des « femmes » se divisent elles aussi en sous-classes définies par des qualités, des défauts, ou la pratique de certaines actions :

Détromper *un homme préoccupé de son mérite* est lui rendre un aussi mauvais office que celui que l'on rendit à ce fou d'Athènes qui croyait que tous les vaisseaux qui arrivaient dans le port étaient à lui. (LR., 92)
Les *femmes qui aiment* pardonnent plus aisément les grandes indiscrétions que les petites infidélités. (LR., 429)
Le moindre défaut *des femmes qui se sont abandonnées à faire l'amour*, c'est de faire l'amour. (LR., 131)

Ces classes se focalisent sur des particularités de plus en plus précises :

Ceux qui croient avoir du mérite se font un honneur d'être malheureux, pour persuader aux autres et à eux-mêmes qu'ils sont dignes d'être en butte à la fortune. (LR., 50)

Tous ceux qui s'acquittent des devoirs de la reconnaissance ne peuvent pas pour cela se flatter d'être reconnaissants. (LR., 224)

Ceux qui s'appliquent trop aux petites choses deviennent ordinairement incapables des grandes. (LR., 41)

Ceux qu'on condamne au supplice affectent quelquefois une constance et un mépris de la mort qui n'est en effet que la crainte de l'envisager [...] (LR., 21)

La maxime s'applique parfois à une classe si restreinte, qu'elle n'intéresse plus l'ensemble des êtres humains qu'à titre d'information. C'est le cas, par exemple, des maximes concernant les rois et les familles royales :

Quiconque pour l'empire eut la gloire de naître
Renonce à cet honneur, s'il peut souffrir un maître ;
Hors le trône ou la mort, il doit tout dédaigner ;
C'est un lâche s'il n'ose ou se perdre ou régner. (C., *Héraclius*, III, 2)
Un roi n'a point d'honneur qui n'a l'âme aguerrie.
(Schelandre, *Tyr et Sidon* [108])
Jamais un bon sujet ne devint mauvais prince. (C., *Pulchérie* [109], II, 2).
Il est beau de mourir maître de l'univers. (C., *Cinna*, II, 1)
[...] le ciel entre les mains des rois
Dépose sa justice et la force des lois,
Et [...] l'Etat demande aux princes légitimes
Des prix pour les vertus, des peines pour des crimes. (C., *Horace*, V, 2)
L'amour ne règle pas le sort d'une princesse. (R., *Andromaque*, III, 2)

Détachées par la citation, certaines de ces maximes recouvrent pourtant leur généralité si elles se laissent interpréter de manière métaphorique (bien que, dans leur contexte initial, elles aient été énoncées en un sens littéral) :

Un sceptre, à le porter, perd beaucoup de son poids.
(Rotrou, *Cosroès* [110], II, 2)
Un grand cœur cède un trône, et le cède avec gloire. (C., *Rodogune*, I, 3)

D'autres maximes jouissent d'une aire d'influence particulièrement restreinte parce qu'elles se rapportent à des cas spécifiques rares. Car, bien que la remarque

---

108. Cité par J. Schérer, *op. cit.*, p. 320.

109. *Ibid.*, p. 323.

110. *Ibid.*, p. 332.

> Le crime d'une mère est un pesant fardeau

s'applique dans *Phèdre* (III, 3) aussi bien à Phèdre elle-même qu'à ses enfants, quel est le pourcentage de l'humanité ayant à déplorer des mères criminelles, sexuellement perverses ou incestueuses ? De même, la règle

> A qui venge son père il n'est rien impossible

que Rodrigue énonce dans *Le Cid* (II, 2) ne regarde, elle non plus, qu'une tranche très réduite de la population [111].

Le caractère non exhaustif de la catégorie humaine visée par la maxime est exprimé par les déterminants du sujet : *tel, certain(s), quelque(s), peu de, assez de, bien des, la plupart des*, etc... Des exemples nombreux de ce type de phrase ont été donnés dans le chapitre précédent.

Le même effet limitatif est parfois obtenu au moyen de la tournure impersonnelle *il y a* + *nom* (pluriel, article indéfini) :

> Il y a des gens qui n'auraient jamais été amoureux, s'ils n'avaient jamais entendu parler d'amour. (LR., 136)
>
> Il y a des reproches qui louent et des louanges qui médisent. (LR., 148)

La validité de la maxime

Elle se décide au niveau des modifieurs verbaux.

Ainsi, l'adjonction d'un adverbe de fréquence : *souvent, quelquefois, d'ordinaire, guère, presque toujours*, diminue l'envergure de l'action exprimée par la phrase :

> On a *souvent* besoin d'un plus petit que soi.
> (LF., *Le Lion et le rat*, II, 11)
>
> La raison pour marcher n'a *souvent* qu'une voie. (B., I, v.48)
>
> Il est *souvent* plus utile de quitter les grands que de s'en plaindre. (LB., IX, 9)
>
> On perd *quelquefois* des personnes qu'on regrette plus qu'on n'en est affligé ; et d'autres dont on est affligé, et qu'on ne regrette guère. (LR., 355)
>
> On est *quelquefois* aussi différent de soi-même que des autres. (LR., 135)
>
> Il arrive *quelquefois* des accidents dans la vie où il faut être un peu fou pour s'en bien tirer. (LR., 310)
>
> Ce n'est *d'ordinaire* que dans de petits intérêts où nous prenons le hasard de ne pas croire aux apparences. (LR., 302)
>
> On ne loue *d'ordinaire* que pour être loué. (LR., 146)

---

111. Il est intéressant de noter que cette maxime, qui devrait aussi s'appliquer à Emilie, ne se vérifie pas dans *Cinna* : Emilie ne réussit pas à venger son père.

Le bonheur ou le malheur vont *d'ordinaire* à ceux qui ont le plus de l'un ou de l'autre. (LR, 551)

On ne trouve *guère* d'ingrats tant qu'on est en état de faire du bien. (LR., 306)

On n'a *guère* de défauts qui ne soient plus pardonnables que les moyens dont on se sert pour les cacher. (LR., 411)

Quelque honte que nous ayons méritée, il est *presque toujours* en notre pouvoir de rétablir notre réputation. (LR., 412)

On s'ennuie *presque toujours* avec les gens avec qui il n'est pas permis de s'ennuyer. (LR., 352)

Ces limitations sont quelquefois exploitées stylistiquement afin de créer un jeu de contrastes :

Cette clémence dont on fait une vertu se pratique *tantôt* par vanité, *quelquefois* par paresse, *souvent* par crainte, et *presque toujours* par les trois ensemble. (LR., 16)

On passe *souvent* de l'amour à l'ambition, mais on ne revient *guère* de l'ambition à l'amour. (LR, 490)

Nous n'avons pas le courage de dire, *en général*, que nous n'avons point de défauts et que nos ennemis n'ont pas de bonnes qualités ; mais *en détail*, nous ne sommes pas trop éloignés de le croire. (LR., 397)

On aura déjà remarqué que certaines maximes cumulent la réduction de la catégorie désignée par le sujet avec les limitations de l'action :

La clémence *des princes* n'est *souvent* qu'une politique pour gagner l'affection des peuples. (LR., 15)

L'honnêteté *des femmes* est *souvent* l'amour de leur réputation et de leur repos. (LR., 205)

La spécification des conditions nécessaires à l'accomplissement de l'action limite aussi, sensiblement, l'extension de la maxime :

Quand on aime, on doute souvent de ce qu'on croit le plus. (LR., 348)

On pardonne *tant que l'on aime*. (LR., 330)

Dans l'amour, la tromperie va presque toujours plus loin que la méfiance. (LR., 335)

On garde longtemps son premier amant, *quand on n'en prend point de second*. (LR., 396)

Dans les grandes affaires, on doit moins s'appliquer à faire naître des occasions, qu'à profiter de celles qui se présentent. (LR., 453)

Comme on peut le constater en relisant les exemples ci-dessus, l'extension de la maxime peut être diminuée encore plus par des combinaisons diverses de ces techniques conjuguées. Ainsi, la formule réputée générale se révèle, à l'analyse, apte à exprimer une gamme de pensées allant de l'affirmation catégorique d'une règle présentée comme universelle et jusqu'au signalement d'un événement perçu comme exceptionnel :

> On est *quelquefois* aussi différent de soi-même que des autres.
> (LR., 135)
> Les menteurs *les plus grands* disent vrai *quelquefois*.
> (C., *Le Menteur IV*, 7)

Cela change du tout au tout l'idée que l'on se fait généralement de la maxime et explique en partie les rôles très divers qu'elle peut assumer quand elle est enchâssée comme expression originale ou citation dans le discours continu. Par ailleurs, l'on distingue ici l'un des traits différentiels les plus importants – plus important même que le trait collectif vs. individuel – permettant de séparer la maxime du proverbe : le fait que le proverbe émet des opinions tranchées sur des situations humaines fondamentales, alors que la maxime analyse et nuance. Une maxime proverbialisée tend donc à simplifier et à prendre un ton catégorique. A ce propos, le témoignage de S. Meleuc dans son article consacré à la structure de la maxime est significatif. Meleuc dit avoir trouvé, imprimée sur des assiettes et non signée, cette maxime de La Rochefoucauld :

> C'est, en quelque sorte, se donner part aux belles actions que de les louer de bon cœur. (LR., 432)

Sur l'assiette la locution « en quelque sorte » avait été omise. Meleuc en conclut qu'elle a été effacée parce que sur l'assiette la maxime se trouve hors contexte, alors que dans le recueil de La Rochefoucauld elle côtoie un grand nombre d'autres phrases sentencieuses soumises au jugement du lecteur.

> A l'intérieur de chaque pause – écrit Meleuc – le lecteur est contraint de *voir* [112] le texte qu'il vient de recevoir, il est nécessairement amené à s'en distancer, et, dans la mesure où ce texte est assertif et où il va contre sa propre conception, son propre « modèle », peut-être à le refuser. Les divers adverbes ne sont peut-être si abondants que pour empêcher que de très nombreux énoncés et peut-être par là tout le texte étant refusés, la lecture ne soit interrompue.

Ainsi, S. Meleuc explique les très nombreux adverbes de fréquence qui atténuent la portée de la maxime par l'accumulation des phrases catégoriques dans les recueils de maximes indépendantes, accumulation qui

---

112. S. Meleuc, *op. cit.*, p. 70. *Voir* est souligné dans le texte.

risque, selon lui, d'irriter le lecteur et d'ébranler la crédibilité du texte. Mais il est possible aussi d'envisager une autre explication pour l'omission de la locution restrictive « en quelque sorte » : c'est que sur l'assiette, la maxime, qui n'est plus signée « La Rochefoucauld », devient proverbe, et en tant que tel elle élimine, d'une part, l'hésitation de l'auteur, et d'autre part elle généralise (donc valorise) l'idée qu'elle offre au consommateur potentiel – consommateur au propre et au figuré, puisque l'adhésion à l'idée exprimée dans la maxime/proverbe sera prouvée, de manière tangible, par l'achat de l'assiette.

UNE PROPOSITION DE DEFINITION

L'analyse que nous avons proposée ici ébranle les définitions précédentes sans toutefois les faire s'écrouler; il faudra seulement, tout en en gardant de nombreux éléments, rectifier et atténuer certaines affirmations. Ainsi, l'on pourra dire que la maxime est *une création individuelle signée*, constituée d'une ou plusieurs phrases créant *une unité de discours achevée*, plus ou moins concise, et *autonome aussi bien du point de vue grammatical que du point de vue référentiel*. Elle présente généralement un style élevé et une structure qui, sans être nécessairement catégorique, offre *l'apparence d'une vérité générale*, lui conférant l'autorité nécessaire à l'obtention du *statut citationnel*. Tous les moyens linguistiques satisfaisant aux exigences et au contraintes formulées ci-dessus sont autorisées. La structure de la maxime en devient par conséquent une forme imprévisible, parce qu'ouverte à une infinité de combinaisons possibles. Cette dualité – structure définie linguistiquement, mais stylistiquement ouverte – est à la base du caractère hybride unique du genre : à la fois unité discursive et création littéraire originale.

CHAPITRE IV

DEUX SOUS-CATEGORIES MAJEURES
DE LA MAXIME

La grande richesse de techniques qui caractérise la maxime n'exclut pas, pourtant, l'existence de modèles dominants. Les plus fréquents d'entre eux présentent des traits définissants nets qui permettent le classement.

LE MODELE DEFINITOIRE ET SES VARIANTES

La pseudo-définition, que d'autres auteurs appellent simplement « la définition [113] » est une sous-catégorie de la maxime qui emprunte la forme d'une entrée de dictionnaire, avec un défini et un définissant reliés entre eux par le verbe *être* au présent. L'éditeur des maximes de La Rochefoucauld (éd. Truchet, 1678) remarque que chez cet auteur « les définitions abondent, ce qui est un trait de l'époque; n'est-ce pas le moment de la composition des dictionnaires de l'Académie et de Furetière [114] ? ». Cette explication a déjà été réfutée, à juste titre. En effet, la structure syntaxique

$$SN_1 \text{ est } SN_2$$

est aussi productive avant et après, que pendant le XVIIe siècle, sans aucun rapport avec la rédaction des dictionnaires. De plus, cette structure génère des phrases qui ne sont pas nécessairement des définitions. En réalité, le moule de la définition n'est qu'une actualisation, parmi d'autres, de la phrase à attribut nominal et il convient d'emblée de la distinguer des autres constructions possibles, que nous énumérerons ci-dessous :

SN_2 est l'attribut de SN_1

La coquetterie est le fond de l'humeur des femmes [...] (LR., 241)
La gravité est un mystère du corps inventé pour cacher les défauts de

---

113. Cf. J.-P. Beaujot, « Le travail de la définition dans quelques maximes de La Rochefoucauld » et P. Lerat, « Le *distinguo* dans les maximes de La Rochefoucauld », in *Les Formes brèves de la prose et le discours discontinu*, pp. 95-9 et 91-4.

114. Cité par S. Meleuc, *op. cit.*, p. 77.

l'esprit. (LR., 257)

L'honneur acquis est caution de celui qu'on doit acquérir. (LR., 270)

La dévotion qu'on donne aux princes est un second amour-propre. (LR., 518)

La fin du bien est un mal, et la fin du mal est un bien. (LR., 519)

La valeur est, dans les simples soldats, un métier périlleux qu'ils ont pris pour gagner leur vie. (LR., 214)

La parfaite valeur et la poltronnerie complète sont deux extrémités où l'on arrive rarement [...] (LR., 215).

La phrase est une métaphore

[...] la méfiance
Est mère de la sûreté. (LF., *Le Chat et le vieux rat*, III, 18)

La sévérité des femmes est un ajustement et un fard qu'elles ajoutent à leur beauté. (LR., 204)

La flatterie est une fausse monnaie, qui n'a de cours que par notre vanité. (LR., 158)

L'hypocrisie est un hommage que le vice rend à la vertu. (LR., 218)

La jeunesse est une ivresse continuelle : c'est la fièvre de la raison. (LR., 271)

L'humilité est l'autel sur lequel Dieu veut qu'on lui offre des sacrifices. (LR., 537)

Une honnête femme est un trésor caché [...] (LR., 552).

SN_1 est SN_2 (hypéronyme de SN_1)

Il est modifié (épithète et/ou complément du nom et/ou proposition relative) où c'est le modifieur qui constitue l'apport sémantique nouveau, N_2 fonctionnant comme un présupposé :

La faiblesse est *le seul* défaut que *l'on ne saurait corriger.* (LR., 130)

où il est impliqué que la faiblesse (N_1) est un défaut (N_2) – fait que le lecteur est censé savoir – et où le message est délivré par le reste du syntagme dont N_2. Les exemples de ce type sont nombreux. En voici quelques autres tirés eux aussi des maximes de La Rochefoucauld :

La timidité est un défaut *dont il est dangereux de reprendre les personnes qu'on en veut corriger.* (LR., 480)

La jalousie *est le plus grand de tous les maux, et celui qui fait le moins de pitié aux personnes qui le causent.* (LR., 503)

Parfois une même maxime réunit les deux techniques : la métaphore et le modifieur pertinent :

L'amour propre est *le plus grand de tous* les flatteurs. (LR., 2)
Les passions sont *les seuls orateurs qui persuadent toujours*. (LR., 8)

La pseudo-définition

Elle se présente comme un cas particulier de la construction attributive, où SN_2 désigne le même objet ou la même notion que SN_1. Comme en lexicographie, le définissant (SN_2) est un générique couvrant nécessairement une aire sémantique plus large que celle du terme à définir. Prenons l'exemple classique de la chaise, définie par le dictionnaire comme un « siège à dossier sans bras » (*Petit Robert*). Or, le générique *siège* sera lui-même défini par un hyperonyme : *meuble*. De même, une chaloupe sera définie comme une embarcation, qui elle-même aura pour définition *bateau*. Ainsi le dictionnaire définit, de proche en proche, un terme par un autre, expliquant l'inconnu par ce qui est supposé connu ou susceptible de le devenir au moyen de la définition du générique lui-même.

Le système de la définition lexicographique est fondé, toutefois, sur la réciprocité. La démarche en sens inverse produit non pas un seul, mais plusieurs vocables, parmi lesquels nous retrouverons notre terme premier. Ainsi :

> *meuble* : nom générique des objets mobiles de forme rigide qui concourent à l'aménagement de l'habitation, des locaux [...] armoire, bahut, buffet, commode, lit, *siège*, table.
> *siège* : objet fabriqué, meuble disposé pour qu'on puisse s'y asseoir : banc, banquette, bergère, canapé, *chaise*, divan, escabeau, fauteuil, pliant, pouf, stable, strapontin, tabouret, trépied, trône.

De même :

> *bateau* : nom générique des ouvrages flottants de toutes dimensions, destinés à la navigation. Barque, bâtiment, *embarcation*, navire, paquebot, vaisseau.
> *embarcation* : bateau de petite dimension [...] allège, bac, bachot, baleinière, berthon, caï que, canoë, chaland, *chaloupe*, chalutier, doris, esquif, etc. [...]

La pseudo-définition se présente, en revanche, comme une définition irréversible où, en prenant comme point de départ le définissant, il est impossible de retrouver le défini. La première différence, et la plus fondamentale, entre la définition linguistique et la définition sentencieuse c'est que, dans la première l'on essaie d'expliquer l'inconnu au moyen du connu, alors que la deuxième consiste exclusivement en un rapport – spirituel, surprenant, insolite – que l'on établit entre deux catégories connues. Il est indispensable, en effet, que les deux notions (SN_1 et SN_2) mises en équivalence par la pseudo-définition soient connues, afin que la maxime se charge d'un maximum de signification. Dans la vraie définition, l'inversion du rapport défini/définissant produit une devinette (qu'est-ce qui a un dossier, n'a pas de bras et sert à s'asseoir?), jeu possible précisément parce qu'une définition correcte doit nécessairement conduire à la notion à définir. Il n'en va pas de même pour la maxime. Considérons, par exemple, cette « définition » de rechange que La Rochefoucauld propose pour *magnanimité* :

> [...] c'est le bon sens de l'orgueil, et la voie la plus noble pour recevoir des louanges. (LR., 285)

Si, cependant, on essayait d'inverses les termes, en prenant pour point de départ « le bon sens de l'orgueil, et la voie la plus noble pour recevoir des louanges, [...] etc. » , pourrions-nous retrouver le défini *magnanimité*? La même question se pose pour les autres phrases construites sur ce modèle :

> L'aversion du mensonge est souvent une imperceptible ambition de rendre nos témoignages considérables et d'attirer à nos paroles un respect de religion. (LR., 63)
> L'éducation que l'on donne d'ordinaire aux jeunes gens est un second amour-propre qu'on leur inspire. (LR., 261)
> La sincérité est une ouverture du cœur [...] (LR., 62).

Le définissant est parfois mis en relief par une inversion de l'ordre défini/définissant :

> L'enfer des femmes, c'est la vieillesse. (LR., 562)

Il arrive aussi que l'auteur avoue aspirer à la définition sans y parvenir, mais – ainsi qu'on peut s'y attendre – il évite le générique du dictionnaire :

> Il est difficile de définir l'amour : ce qu'on peut en dire est que, dans *l'âme*, c'est une *passion de régner*; *dans les esprits*, c'est *une sympathie*; *et dans le corps*, ce n'est qu'une *envie cachée et délicate de posséder ce que l'on aime après beaucoup de mystères*. (LR., 68)

Dans *Les Caractères*, La Bruyère se rapproche davantage, par ses maximes, de la définition linguistique. L'illusion de la vraie définition provient ici du fait qu'une séquence de plusieurs sentences prétend définir des notions qui non seulement appartiennent réellement à une même aire sémantique – la sottise par exemple – mais, comme dans le dictionnaire, elles fonctionnent sur le principe de la circularité :

Un sot est celui qui n'a même pas ce qu'il faut d'esprit pour être fat. (LB., XII, 44).

Un fat est celui que les sots croient un homme de mérite. (LB., XII, 45)

L'impertinent est *un fat outré.* (LB., XII, 46)

Le fat est entre l'impertinent et le sot, il est composé de l'un et de l'autre. (LB., XII, 46)

Le stupide est un sot qui ne parle point, en cela plus supportable que le sot qui parle (LB., XII, 49)

Le suffisant est celui en qui la pratique de certains détails que l'on honore du nom d'affaires se trouve jointe à une très grande médiocrité d'esprit.

Un grain d'esprit et une once d'affaires plus qu'il n'en entre dans la composition du *suffisant*, font *l'important*[115]. (LB., XII, 54)

L'on voit que les termes *sot, fat, impertinent, stupide, suffisant, important* sont définis ici les uns par les autres, en précisant les particularités qui permettent de distinguer les hyponymes de leurs génériques. Le parallèle avec la définition lexicographique est frappant.

Une chaise est un siège à dossier, sans bras.
Le stupide est un sot qui ne parle point.

Cependant, tandis que « un siège à dossier, sans bras » mène rapidement à *chaise*, « un sot qui ne parle point » n'évoque pas nécessairement *stupide*, ou l'évoque seulement comme une possibilité parmi d'autres.

La Rochefoucauld tend à s'éloigner de la définition linguistique, dont il ne garde que le moule :

La civilité est un désir d'en recevoir et d'être estimé poli. (LR., 260)
Le refus des louanges est un désir d'être loué deux fois. (LR., 149)

Son goût le porte davantage vers la définition restrictive, ou indirecte, dont la structure est

---

115. Il est intéressant qu'une discussion semblable, concernant elle aussi l'aire sémantique de la sottise, soit donnée sous forme de duel verbal entre Clitandre et Trissotin dans *Les Femmes savantes* (IV, 3) :

— Un sot savant est sot plus qu'un sot ignorant.

— [...] ignorant et sot sont termes synonymes [...]

— L'alliance est plus forte entre pédant et sot.

— La sottise dans l'un se fait voir toute pure.

— Et l'étude dans l'autre ajoute à la nature [...]

— Le savoir dans un fat devient impertinent.

$$SN_1 \text{ n'est que } SN_2$$

et qui a produit quelques-unes de ses maximes les plus connues, y compris celle qui figure en exergue au recueil :

Nos vertus ne sont le plus souvent que des vices déguisés.

Il faut toutefois préciser d'emblée que la structure restrictive produit deux types de phrases distincts, sujets à des interprétations sémantiques différentes. Le premier consiste en une dépréciation du terme à définir au moyen de la corrélation *ne... que* :

Curiosité n'est que vanité. (P., IV, 77)

où il est entendu que la curiosité *est* vanité et rien de *plus*. La même interprétation sémantique (ne... que = seulement) s'applique à l'exemple suivant :

L'amour *n'est qu'*un plaisir, l'honneur est un devoir. (C., *Le Cid*, III, 6)

Et, se doublant d'une métaphore, voici la fameuse maxime de Pascal :

L'homme *n'est qu'*un roseau, le plus faible de la nature, mais c'est un roseau pensant (*Disproportion de l'homme*, 200).

Le deuxième type, bien plus fréquent, emploie la corrélation restrictive afin de proposer une définition qui, en même temps, en infirme une autre, sous-entendue. En effet,

Nos vertus ne sont le plus souvent que des vices déguisés

prétend démentir l'opinion communément admise, selon laquelle la vertu est « une force morale, une force d'âme ; la force avec laquelle l'homme tend au bien » (définition du dictionnaire : le *Petit Robert*).

L'amour de la justice *n'est*, en la plupart des hommes, *que* la crainte de souffrir l'injustice. (LR., 78)
La justice dans les juges qui sont modérés *n'est que* l'amour de leur élévation. (LR., 579)
La constance des sages *n'est que* l'art de renfermer leur agitation dans le cœur. (LR., 20)
La clémence des princes *n'est* souvent *qu'*une politique pour gagner l'affection des peuples. (LR., 15)
La reconnaissance de la plupart des hommes *n'est qu'*une secrète envie de recevoir de plus grands bienfaits. (LR., 298)
La haine pour les favoris *n'est* autre chose *que* l'amour de la faveur [...] (LR., 55)
La réconciliation avec nos ennemis *n'est qu'*un désir de rendre notre condition meilleure, une lassitude de la guerre, et une crainte de quelque mauvais événement. (LR., 82)

Ces maximes substituent donc à la définition acceptée (qui coïncide avec celle du dictionnaire) une équivalence inattendue et souvent diamétralement opposée à la signification du terme qu'elle prétend définir. Il n'est pas rare que la maxime indique, dans son énoncé, la définition qu'elle rejette :

> Notre repentir n'est pas tant *un regret du mal que nous avons fait,* qu'une crainte de celui qui nous en peut arriver. (LR., 180)
> La modestie, *qui semble refuser les louanges,* n'est en effet que le désir d'en avoir de plus délicates. (LR., 596)

La formule explicite le contraste entre l'apparence et la réalité (cf. « *semble* refuser » et « est *en effet* ») et souligne la confusion des termes que nous employons, confusion que la maxime se propose, précisément, de dissiper :

> Ce que *nous prenons pour* des vertus, n'est souvent qu'un assemblage de diverses actions et de divers intérêts [...]. (LR., 1)
> La force et la faiblesse de l'esprit *sont mal nommées*; elles ne sont *en effet* que la bonne ou la mauvaise disposition des organes du corps. (LR., 44)
> L'amour *prête son nom* à un nombre infini de commerces qu'on lui attribue, et où il n'a non plus de part que le Doge à ce qui se fait à Venise. (LR., 77)
> Ce que *les hommes ont nommé* amitié n'est qu'une société, qu'un ménagement réciproque d'intérêts et qu'un échange de bons offices [...] (LR., 83)
> Ce qu'on *nomme* libéralité n'est le plus souvent que la vanité de donner, que nous aimons mieux que ce que nous donnons. (LR., 263)
> Ce qui *paraît* générosité, n'est souvent qu'une ambition déguisée, qui méprise de petits intérêts, pour aller à de plus grands. (LR., 246)

« L'emploi de la locution restrictive *ne... que* a pour effet d'accentuer le double processus de dévoilement et de distorsion, écrit à ce propos J.-P. Beaujot dans un article consacré au modèle de la définition chez La Rochefoucauld [116].

Plus rarement, la maxime rejette la définition du dictionnaire, sans en proposer une autre à la place; la corrélation *ne... que,* qui n'est plus utile dans ce cas, disparaît :

> *On a fait une vertu de la modération,* pour borner l'ambition des grands hommes, et pour consoler les gens médiocres de leur peu de fortune et de leur peu de mérite. (LR., 308)

---

116. J.-P. Beaujot, *op. cit.,* p. 98.

La pseudo-définition, directe ou indirecte, se révèle donc un modèle d'une considérable importance. Elle prétend apprendre au lecteur la vraie signification du terme qui figure en position de sujet (SN_1) et le détromper quant au sens qu'il attribue lui-même à ce terme. C'est pourquoi nous ne pouvons pas souscrire à l'opinion de R. Barthes, qui voit dans la définition indirecte une « relation d'identité déceptive [117] », mettant en opposition un défini laudatif avec un définissant péjoratif. La formule n'est pas déceptive mais, au contraire, édifiante, puisqu'elle détruit, au moyen du définissant (SN_2), l'illusion que le lecteur se fait sur le défini (SN_1). Le moule de la définition linguistique sert ici à investir la phrase de cette autorité que l'on ne conteste pas au dictionnaire, mais que l'on ne reconnaîtrait pas nécessairement à l'auteur. Cette imitation de définition se dénonce d'ailleurs elle-même comme telle, dès que le verbe *être* est modifié par un complément de fréquence *souvent, quelquefois, d'ordinaire, toujours, jamais* : il va sans dire qu'une vraie définition s'applique en toute situation à tous les éléments de la classe qu'elle est censée définir et ne saurait connaître de telles limitations :

> *chaise* : (*souvent, quelquefois, d'ordinaire, toujours, etc...) siège à dossier sans bras.

L'on remarquera, par ailleurs, que l'équivalence entre SN_1 et SN_2 postulée dans la formule n'est souvent qu'illusoire, et que les deux syntagmes entretiennent en réalité des relations sémantiques autres que d'identité. L'apparence de la définition est toutefois si fidèlement créée par ce moule, que toutes ses actualisations discursives, attribut et métaphore compris, paraissent au premier abord des définitions. Comme on a pu le voir dans ce qui précède, le départ entre les différentes variantes du modèle n'est pas facile. Il est toutefois possible de reconnaître l'attribut, si dans la phrase :

$$SN_1 \text{ est } SN_2$$

l'on tente de substituer à *est* un autre verbe susceptible d'introduire un attribut : *reste, devient, demeure, se montre, se révèle, représente*, etc... On pourra alors obtenir :

> L'esprit est (reste, demeure, devient) toujours la dupe du cœur. (LR., 102)

Très souvent SN_1 est lié à SN_2 par un rapport effet/cause :

> La modération est une crainte de tomber dans l'envie et dans le mépris que méritent ceux qui s'enivrent de leur bonheur; [...] (LR., 18)

---

117. R. Barthes, *Nouveaux Essais critiques*, Paris, Seuil, 1972, p. 76.

Le refus des louanges est un désir d'être loué deux fois. (LR., 149)
La civilité est un désir d'en recevoir et d'être estimé poli. (LR., 260)
L'amour de la justice n'est, en la plupart des hommes, que la crainte de souffrir l'injustice. (LR., 78)
La réconciliation avec nos ennemis n'est qu'un désir de rendre notre condition meilleure [...]. (LR., 82)

Le rapport effet/cause est parfois indiqué de manière explicite :

> *La promptitude* à croire le mal, sans l'avoir assez examiné, *est un effet de* l'orgueil et de la paresse [...]. (LR., 267)

Une version différente de ce type de phrase abandonne le moule de la définition, optant explicitement pour le modèle *effet/cause* :

> La modération des personnes heureuses *vient du* calme que
> la bonne fortune donne à leur humeur. (LR17)
> Les finesses et les trahisons *ne viennent que* de manque d'habileté. (LR., 126)
> Le bon goût *vient* plus *du* jugement que de l'esprit. (LR., 258)

Dans une autre série de maximes, SN_2 exprimé par un verbe à l'infinitif indique la manière dont se manifeste SN_1 : *est* commute alors avec *consiste à* et la formule sort ainsi du cadre de la pseudo-définition :

> Le plaisir de l'amour est *d'aimer*, et l'on est plus heureux par la passion que l'on a que par celle que l'on donne. (LR., 259)
> La plus subtile de toutes les finesses est *de savoir* bien feindre de tomber dans les pièges que l'on nous tend [...] (LR., 117)
> La parfaite valeur est *de faire* sans témoins ce qu'on serait capable de faire devant tout le monde. (LR., 216)
> La souveraine habileté *consiste à* connaître le prix des choses. (LR., 244)
> La véritable éloquence *consiste à* dire tout ce qu'il faut, et *à* ne dire que ce qu'il faut. (LR. 250)

On voit donc qu'une multitude de types de phrases différents convergent vers la structure de la définition, qui devient ainsi l'un des modèles prédominants de la maxime et se recommande par conséquent plus particulièrement à l'attention des linguistes, qui s'y sont intéressés en effet plus qu'à d'autres structures [118].

---

118. Presque tous les auteurs mentionnent la prédominance de la structure de la définition et certains la considèrent même comme le modèle le plus représentatif de la forme gnomique. D'ailleurs, le terme *aphorisme*, devenu synonyme de *maxime* depuis les temps les plus anciens, signifie étymologiquement « définition » (du grec *aphorismos*) ce qui permet de penser qu'il a désigné initialement ce modèle gnomique particulier.

LE MODELE PRESCRIPTIF ET SES VARIANTES

Tout en répondant aux critères formels généraux de la maxime, le précepte s'érige en sous-classe par des caractéristiques sémantiques et structurelles qui lui sont propres. La maxime, « proposition [...] énonçant [...] une règle d'action, de conduite » (*T.L.F.*, entrée *maxime*, B), contient, en effet, dans sa définition, une ambivalence due à deux acceptions différentes du mot *règle*, qui peut signifier aussi bien norme (description) que loi (prescription). Le précepte est une maxime parce qu'il indique une règle de conduite (loi) et il est une maxime d'un genre déterminé parce qu'il exprime, en même temps, une exhortation formelle à obéir à cette règle; il indique, en d'autres termes, avec autorité, une ligne d'action à suivre. Ainsi cette formule devient un acte de discours, se rapprochant en cela du proverbe, dont le rôle, bien plus que celui de la maxime, est de mettre en garde et/ou de dicter le comportement dans des situations-types. Or, la maxime, qui approche l'être humain et son univers d'une manière moins pratique et plus philosophique, ne se donne pas toujours pour but de guider les actions d'autrui, ni même – ainsi que le voudrait sa définition, qui ne correspond pas à la réalité de ce point de vue – de fournir un enseignement moral. Afin d'isoler la classe du précepte, il sera donc utile d'examiner d'abord l'effet illocutoire de la formule, et le but que l'auteur se propose de réaliser en l'écrivant. Selon ce critère, il est possible de distinguer trois types de maximes.

La maxime descriptive ou cognitive

Elle représente l'énonciation de ce qui est reconnu comme une vérité générale sans escompter aucune réaction de la part du destinataire. Ces maximes sont appelées ici « cognitives » parce que leur seul but est de dévoiler de nouveaux aspects de l'être humain et du monde dans lequel il vit. Il s'agit des maximes : très nombreuses – signalant des faits indépendants de notre volonté et échappant par conséquent à notre emprise :

> Le soleil ni la mort ne se peuvent regarder fixement. (LR., 26)
> La durée de nos passions ne dépend pas plus de nous que la durée de notre vie. (LR., 5)

Ce type de maxime abonde dans le recueil de La Rochefoucauld, auteur pessimiste et désabusé, et qui, loin de vouloir changer ses semblables, se propose seulement de les montrer sous leur vrai jour. En effet, quelle peut être l'utilité pratique de textes tels que :

> L'hypocrisie est un hommage que le vice rend à la vertu. (LR., 218)
> La vanité, la honte, et surtout le tempérament, font souvent la valeur des hommes et la vertu des femmes. (LR., 220)

En vieillissant on devient plus fou et plus sage. (LR., 210)
Il y a des gens qui ressemblent aux vaudevilles, qu'on ne chante qu'un certain temps. (LR., 211)
L'avarice est plus opposée à l'économie qu'à la libéralité. (LR., 167)
On est quelquefois moins malheureux d'être trompé de ce qu'on aime, que d'en être détrompé. (LR., 395)
Quelques grands avantages que la nature donne, ce n'est pas elle seule, mais la fortune avec elle, qui fait les héros. (LR., 53)

Les maximes « cognitives » peuvent être relevées dans les œuvres de tous les moralistes du XVIIe siècle.

PASCAL

La nature de l'amour-propre et de ce moi humain est de n'aimer que soi et de ne considérer que soi. (L'amour propre, 978).
Les choses ont diverses qualités et l'âme diverses inclinations, car rien n'est simple de ce qui s'offre à l'âme, et l'âme ne s'offre jamais simple à aucun sujet. De là vient qu'on pleure et qu'on rit d'une même chose. (III, 54)

LA BRUYERE

La curiosité n'est pas un goût pour ce qui est bon ou ce qui est beau, mais pour ce qui est rare, unique, pour ce qu'on a et que les autres n'ont point. Ce n'est pas un attachement à ce qui est parfait, mais à ce qui est couru, à ce qui est à la mode. Ce n'est pas un amusement, mais une passion, et souvent si violente, qu'elle ne cède à l'amour et à l'ambition que par la petitesse de son objet. Ce n'est pas une passion qu'on a généralement pour les choses rares et qui ont cours, mais qu'on a seulement pour une certaine chose qui est rare et pourtant à la mode. (XIII, 2)

CORNEILLE

A vaincre sans péril on triomphe sans gloire. (*Le Cid*, II, 2)
Plus l'offenseur est cher, et plus grande est l'offense. (*Le Cid*, I, 5)

BOILEAU

Le temps, qui change tout, change aussi nos humeurs,
Chaque âge a ses plaisirs, son esprit et ses mœurs. (III, v.373-4)

LA FONTAINE

Les petits, en toute affaire,
Esquivent fort aisément :
Les grands ne le peuvent faire.
(*Le Combat des rats et des belettes*, IV, 6)

Si l'on ajoute que la grande majorité des pseudo-définitions, directes et indirectes, sont de type cognitif, on comprendra que cette catégorie représente une partie non négligeable de l'ensemble des phrases sentencieuses.

La maxime-avertissement

A côté de ces maximes représentant de simples constatations il est possible de distinguer une autre classe qui renferme, elle, des enseignements susceptibles de devenir utiles au lecteur. En effet, un grand nombre de phrases sentencieuses servent, comme certains proverbes, d'avertissement. Ces formules se rapprochent d'ailleurs par leur forme des proverbes. Ainsi, le modèle parémique en *qui* :

> *Qui* sème le vent récolte la tempête.
> *Qui* va à la chasse perd sa place.

a une contrepartie savante commençant par *qui* ou *quiconque*, dont nous avons déjà donné quelques exemples dans le chapitre précédent.

> *Qui* se confesse traître est indigne de foi. (C., *Nicomède*, III, 8)
> *Qui* sauve un criminel se charge de son crime.
>   (Thomas Corneille, *Timocrate*[119], I, 3)
> *Qui* marche assurément n'a point peur de tomber. (C., *Polyeucte*, II, 6)
> *Quiconque* prend se vend. (C., *La suite du Menteur*, II, 5)
> *Qui* veut mourir ou vaincre est vaincu rarement. (C., *Horace*, II, 1)
> *Qui* vit haï de tous ne saurait longtemps vivre. (C., *Cinna*, I, 2)
> *Qui* pardonne aisément invite à l'offenser. (C., *Cinna*, IV, 2)
> *Qui* se venge à demi court lui-même à sa peine. (C., *Rodogune*, V, 1)
> *Qui* ne craint point la mort ne craint point les tyrans. (C., *Œdipe*, II, 1)

Il importe de noter que, dans ces exemples, la relative équivaut à une proposition conditionnelle ; le sujet *qui* y introduit généralement des verbes exprimant des actions volontaires, et l'ensemble de la maxime met en garde contre les conséquences de ces actes, présentées comme inévitables.

D'autres maximes, à formes diverses, peuvent aussi se charger d'un avertissement :

> Tel vous semble applaudir qui vous raille et vous joue. (B., I, v.191)
> La raison du plus fort est toujours la meilleure.
>   (LF., *Le Loup et l'agneau*, I, 10)
> [...] tout flatteur
> Vit au dépens de celui qui l'écoute. (LF., *Le Corbeau et le renard*, I, 2)

Il est d'ailleurs intéressant de comparer la morale de ces deux dernières fables avec cette autre, placée au début de *L'Ivrogne et sa femme* (III, 7) :

---

119. Cité par J. Schérer, *op. cit.*, p. 323.

Chacun a son défaut où toujours il revient,
Honte ni peur n'y remédie.

Prise hors contexte cette maxime devrait être rattachée à la catégorie précédente, puisqu'elle affirme l'existence d'une caractéristique humaine présentée comme universelle et contre laquelle, par conséquent, l'on ne peut rien ; reconsidérée toutefois dans le contexte de la fable, elle prend la valeur d'un avertissement – il est inutile de tenter de changer les gens : ils sont ce qu'ils sont et tous les efforts seront donc voués à l'échec.

Le précepte

Un troisième type de maxime – celui qui nous intéresse plus particulièrement ici – exprime non plus des vérités générales, mais des règles d'action, et somme le lecteur de leur obéir. Il s'agit du précepte, défini par le *Dictionnaire de l'Académie* comme une « règle, [un] enseignement pour faire quelque chose. Il se prend aussi pour toutes sortes d'enseignements. » Et c'est en effet ce qui distingue le précepte du reste des maximes aussi bien sémantiquement que formellement : le fait d'exhorter le lecteur à l'action et d'indiquer même, parfois, les modalités et les moyens de cette action. En effet, cette sous-catégorie est, du point de vue formel, la plus facile à identifier et à décrire, puisqu'elle présente des caractéristiques structurelles moins nombreuses et bien plus nettes que celles des autres classes.

Les dix commandements et les proverbes bibliques de l'*Ancien* aussi bien que du *Nouveau Testament* sont des modèles de préceptes tombés – si l'on ose dire – dans le domaine public. Des préceptes fameux (qui, en vertu de leur contenu plus philosophique et moins spécialisé, sont appelés le plus souvent « adages [120] ») font partie intégrante d'œuvres illustres de tous les temps :

---

120. Le terme *adage*, aujourd'hui synonyme de *dicton* et *proverbe*, désigne souvent des phrases prescriptives. Il est même possible d'imaginer qu'il se soit confondu à plus d'une époque avec le précepte, puisqu'une étymologie erronée le fait dériver en latin (*adagium*), par contraction, de *ad agendum* : ce qui est à faire. Il n'est nullement dans notre intention de rouvrir ici le vieux débat sur les différences entre ces vocables. Erasme, comme on sait, employait déjà indifféremment *adagium*, *paroimia et proverbium*. Notre point de vue ici prend pour critère la fonction illocutoire de la formule et non sa complétude et/ou la possibilité d'un éventuel emploi métaphorique (cf. à ce propos C. Balavoine, *op. cit.*, pp. 60-1). Le terme *précepte* semble s'imposer comme le plus approprié à la structure prescriptive qui caractérise aussi, fréquemment, l'adage, même si ce dernier s'étend aussi à d'autres aires sémantiques et formelles. On peut dire que le précepte entretient avec la recette la même relation que celle qui existe entre la maxime et la loi scientifique : identité formelle, mais aires thématiques différentes puisque le précepte seul concerne la conduite humaine. D'autre part, il semblerait que la tendance soit à employer *précepte* pour des règles ponctuelles et/ou spécialisées à un domaine déterminé de l'activité humaine (préceptes littéraires dans *L'Art poétique* ou, ailleurs, préceptes religieux, moraux, juridiques, médicaux, etc...), alors que *l'adage* se réfère à des remarques plus générales et plus philosophiques sur la vie humaine.

Carpe diem. (Horace, *Odes* I, 11, 8)

repris par Ronsard

Vivez, [...] n'attendez à demain,
Cueillez dès aujourd'hui les roses de la vie.

ou

Divide ut regnes (Machiavel, *Le Prince*).

Les apophtegmes, généralement liés par leur contenu aux circonstances de l'énonciation, peuvent pourtant – nous l'avons vu – être de vraies maximes et plus spécifiquement des préceptes ou des adages, tel, par exemple,

Festina lente,

expression favorite de l'empereur Auguste, reprise par Boileau :

Hâtez-vous lentement. (I, v.171)

et la devise du sénat romain, qui a inspiré Machiavel :

Divide et impera.

Ces exemples montrent déjà que le précepte prend le plus souvent la forme d'une proposition avec le verbe à l'impératif (deuxième personne, singulier ou pluriel) :

Aimez donc la raison : que toujours vos écrits
Empruntent d'elle seule et leur lustre et leur prix. (B., I, v.37-8)
Avant donc que d'écrire *apprenez* à penser. (B., I, v.150)
Garde-toi, tant que tu vivras,
De juger les gens sur leur mine.
(LF., *Le Cochet, le chat et le souriceau*, VI, 5)

L'impératif est parfois accompagné de son sujet en apostrophe :

Amants, heureux amants [...]
Soyez-vous l'un à l'autre un monde toujours beau,
Toujours divers, toujours nouveau ; (LF., *Les Deux Pigeons*, IX, 2)
Toi donc, qui que tu sois, ô père de famille,
[...]
Couche-toi le dernier, et *vois* fermer ta porte.
Que si quelque affaire t'importe
Ne la fais point par procureur ».
(LF., *Le Fermier, le chien et le renard*, XI, 3)

L'impératif de la première personne du pluriel constitue un lien formel entre le précepte et les autres maximes dont le sujet est *nous* :

Ne forçons point notre talent;
Nous ne ferions rien avec grâce. (LF., *L'Ane et le petit chien*, IV, 5)

Le subjonctif de la troisième personne avec valeur d'impératif forme, lui aussi, de nombreux préceptes :

Que dans tous vos discours la passion émue
Aille chercher le cœur, l'échauffe et le remue. (B., III, v.15-16)

Quand la phrase n'est pas à l'impératif, elle se construit généralement avec les verbes *falloir* et *devoir* :

Il faut que le cœur seul parle dans l'élégie. (B., II, v.57)
Il faut, même en chanson, du bons sens et de l'art. (B., II, v.191)
Il faut dans la douleur que vous vous abaissiez. (B., III, v.141)
Plus on aime quelqu'un, moins *il faut* qu'on le flatte.
(M., *Le Misanthrope*, II, 4)
Il ne faut point juger des gens sur l'apparence.
(LF., *Le Paysan du Danube*, XI, 7)
En toute chose *il faut* considérer la fin.
(LF., *Le Renard et le bouc*, III, 5)
Il faut, autant qu'on peut, obliger tout le monde.
(LF., *Le Lion et le rat*, II, 11)
[...] *il ne faut jamais*
Vendre la peau de l'ours qu'on ne l'ait mis par terre.
(LF., *L'Ours et les deux compagnons*, V, 20)
Rien ne sert de courir; *il faut* partir à point.
(LF., *Le Lièvre et la tortue*, VI, 10)

Chez La Rochefoucauld, on s'en doute, les préceptes sont rares, mais non introuvables :

Il faut gouverner la fortune comme la santé : en jouir quand elle est bonne, prendre patience quand elle est mauvaise, et ne faire jamais de grands remèdes sans un extrême besoin. (LR., 392)
On ne doit pas juger du mérite d'un homme par ses grandes qualités, mais par l'usage qu'il en sait faire. (LR., 437)
La gloire des grands hommes *se doit* toujours mesurer aux moyens dont ils se sont servis pour l'acquérir. (LR., 157).

Par sa fonction illocutoire, aussi bien que par la forme et par l'autorité qu'il s'arroge, le précepte représente l'un des types de maximes les plus proches du proverbe.

CHAPITRE V

LE STATUT CITATIONNEL DE LA MAXIME

QUE CITE-T-ON, COMMENT ET POURQUOI?

Nous avons vu que le statut citationnel est donné comme l'un des traits dénotatifs de la maxime dès ses premières définitions (cf. notamment celle que Quintilien donne de la *sententia* comme traduction de la *gnômé* grecque [121]). Mais que faut-il entendre par le statut citationnel d'un énoncé? Aristote et Quintilien le mentionnent, en fait, non pas comme une donnée, mais comme un effet, puisqu'ils constatent que la *gnômé* et la *sententia* sont souvent citées. Mais de là à définir un énoncé en fonction de son potentiel de citation la distance est grande, aussi grande que de la pratique à la théorie, puisque la constatation tient de la pratique, alors que la prévision abstraite est une démarche théorique; il s'agirait donc de théoriser l'aptitude citationnelle d'un énoncé donné, ce que les premières définitions des formes gnomiques ne faisaient pas. Les ouvrages contemporains traitant de la citation se donnent généralement pour but d'analyser la relation tripartite qui s'établit entre le texte d'origine, le passage cité et le texte citant, et d'y découvrir le ou les différentes fonctions assignées à la citation. Le fait que la maxime – autant que le proverbe, mais suivant des principes très différents – constitue un texte approprié, voire destiné à la citation, représente un phénomène original en littérature et soulevant une question qui ne trouve pas de réponse dans ces ouvrages pour la simple raison qu'elle n'y est pas posée : que cite-t-on? Une réponse claire à cette question – tel texte, tel passage, tel fragment de texte, définis formellement et/ou thématiquement sont susceptibles d'être cités – permettrait de tracer le cadre dans lequel s'inscrirait la maxime et où elle puiserait une partie, sinon la totalité des caractéristiques qui la rendent apte à la citation.

---

122. « [...] les sentences, les maximes morales des sages, des morceaux de discours qui se répètent, qui traînent dans toutes les bouches. » (Quintilien, *Institution oratoire*, XIII, 5, 3; nos italiques).

Or, pour peu qu'on y réfléchisse – nos lectures quotidiennes dans tous les domaines nous ayant donné une assez large expérience du phénomène de la citation – on peut constater presque immédiatement que pratiquement *tout* ce qui a été une fois dit ou écrit se prête à la citation : le discours direct et le discours indirect, les vers et la prose, le style noble et le style familier, voire grossier (et précisément à cause de cette grossièreté, qui le rend remarquable dans le premier sens du mot), des faits réels et des faits imaginaires, des choses vraies et des choses fausses, ou que l'on croit vraies ou fausses, ou que l'on donne pour vraies ou fausses indépendamment de leur degré réel de vérité, des événements extraordinaires ou banals, des idées philosophiques ou des anecdotes – bref, tout est matière à citation [122]. Dès lors, la question s'impose : si tout peut être cité, que faut-il entendre par statut citationnel ? Il faut sans doute conclure que, d'une part, l'usager, la personne qui cite (et que nous appellerons ici emprunteur ou citant) a la possibilité de faire son choix parmi tout ce qui a été dit et/ou écrit ; mais que, d'autre part, certains énoncés oraux ou écrits ont été pensés et formulés comme des segments expressément destinés à la citation, c'est-à-dire composés d'une certaine manière spécialement dans ce but. Afin de mieux comprendre ces deux aspects il sera utile, dans un premier temps, de consacrer quelques lignes à une réflexion sur le phénomène même de la citation.

La citation a d'abord été une procédure juridique destinée à assurer la fidélité du témoignage. L'on rappelle habituellement qu'étymologiquement le verbe *citer* (du latin *citare*, « mettre en mouvement », d'où, en latin juridique, « convoquer, citer en justice [123] ») signifie « convoquer un témoin à comparaître devant un tribunal. » Au Moyen-Age, la citation (dans le sens moderne du mot) s'impose comme une pratique courante dans l'exégèse de la *Bible – Ancien et Nouveau Testaments*. Divisées en versets, les Ecritures indiquent elles-mêmes les limites du fragment à citer ; ce fait, rarement mentionné par les ouvrages considérant l'exégèse biblique comme la consécration de l'acte de la citation, distingue pourtant fondamentalement la citation biblique des autres types de citation, fussent-elles aussi de nature explicative et herméneutique. En effet, en citant, l'emprunteur doit, avant tout, tracer lui-même dans ces textes les limites

---

122. Le livre de A. Compagnon, *La Seconde Main ou le travail de la citation* offre indirectement une preuve édifiante à ce propos : chaque chapitre de cet ouvrage porte en exergue une ou plusieurs citations, ce qui, étant donné les dimensions du livre, constitue une collection très intéressante de notre point de vue, puisqu'elle illustre indirectement, par sa diversité, notre affirmation sur l'universalité de la matière de la citation.

123. O. Bloch et W. von Wartburg, *Dictionnaire étymologique de la langue française*.

du passage à citer. Ceci implique, avant même l'acte de citer, l'établissement d'un ou plusieurs critères, qui peuvent être formels (par exemple l'emprunt d'une tranche de texte contenue entre deux points, donc coïncidant avec la phrase) ou fondés sur le contenu (une idée complète, plusieurs idées associées à un même thème ou un segment de texte porteur ou évocateur d'un message compréhensible et qui dépasse généralement les limites de la phrase), ou les deux à la fois. Ainsi, le citant opérera son propre découpage du texte initial afin d'en extraire un fragment selon des critères personnels et pragmatiques dictés par le rôle qu'il assigne à la citation dans le texte final. Quels que soient les principes guidant le citant dans son découpage, le fragment isolé semble *a priori* devoir satisfaire à deux conditions premières : ne pas être trop long et, en même temps, être assez substantiel pour exprimer une idée complète et parfaitement compréhensible. La contrainte de la brièveté est difficile à préciser, mais elle est fonction du rapport quantitatif entre le texte cité et le texte citant, celui-là devant s'intégrer complètement à celui-ci. Envisagée comme un moyen technique à l'œuvre dans le texte final (citant), la citation n'a pas le droit de dépasser certaines limites sous peine de subvertir le rapport contenant/contenu. Or, si la citation brise inévitablement la continuité de son nouveau support contextuel, elle ne doit en aucun cas en entraver la compréhension ou y entraîner des pertes ou des déviations de sens. Il en découle qu'un texte concis aura de plus grandes chances d'être cité, parce qu'il respecte le rapport correct citant/cité; un texte à la fois concis et sémantiquement autonome se recommande avec encore plus de force à la citation par le fait qu'il élimine aussi la difficulté du découpage. Nous avons reconnu, dans ces qualités requises, deux des caractéristiques les plus importantes de la maxime indépendante. Si, de plus, elle avance une idée originale et/ou exprimée de manière frappante, elle attirera plus facilement l'attention de l'auditeur/lecteur et, dans certaines conditions, pourra même être mémorisée, ce qui augmentera de beaucoup son potentiel citationnel.

De ce point de vue – on le comprend maintenant – la maxime indépendante représente un phénomène foncièrement différent de celui de la maxime enchâssée. Bien que la description de la maxime présentée dans le chapitre précédent soit également valable pour l'une et l'autre formule, il est évident que la maxime enchâssée se présente très souvent comme moins appropriée à la citation, puisqu'elle demande d'abord à être dépistée, puis isolée dans le texte originel.

Pour en revenir donc à notre question initiale, le statut citationnel de la maxime enchâssée lui est déjà conféré par le texte d'origine et a été obtenu par l'auteur au moyen de diverses techniques, et compte tenu des considérants énumérés ci-dessus. Il sera donc nécessaire d'analyser la production des deux types de maximes – indépendante et enchâssée – et d'essayer d'identifier les techniques qui, déjà dans le texte initial, en garantissent le statut citationnel.

LA PRODUCTION DES ENONCES DESTINES A LA CITATION

Un recueil rassemblant des maximes indépendantes constitue un vrai réservoir de citations : les maximes s'y trouvent pures de toute interférence grammaticale ou sémantique extérieure et véhiculent un message autonome et clair. De plus, une organisation thématique du recueil, comme par exemple, dans *Les Caractères* de La Bruyère et, à un moindre degré, dans les *Maximes* de La Rochefoucauld (bien que ce dernier se défende d'avoir respecté un ordre quelconque) donne au lecteur le choix parmi plusieurs formules sur le même sujet, où il puisera en définitive celle qui le captive le plus ou qui sert le mieux son propos. Si on élimine de cette discussion les *Pensées* de Pascal, qui sont en réalité des notes destinées à la composition d'un texte argumentatif continu – une *Apologie de la religion chrétienne* – et non, comme les œuvres de Mme de Sablé, du chevalier de Méré, de La Rochefoucauld ou de La Bruyère, des recueils de formules achevées dans leurs propres limites et sans autre rapport qu'associatif les unes avec les autres, nous obtenons de vrais catalogues de réflexions qui, non seulement se prêtent mais – et cela est capital – invitent à la citation.

En effet, il est significatif que La Rochefoucauld ait placé une de ses maximes :

Nos vertus ne sont le plus souvent que des vices déguisés

en exergue à son livre et que, de ce fait même, elle soit devenue l'une de ses phrases les plus célèbres ; car, ce faisant, il privilégiait dans le texte même de son œuvre un élément, et l'élevait à un statut qui le favorisait par rapport aux autres unités de la série. Or, on est immédiatement tenté d'attribuer à cette première maxime une signification accrue, subsumant l'ensemble des messages que le recueil contient ; aussi a-t-on pu affirmer que cette maxime est, à elle seule, indicatrice du profond pessimisme intrinsèque de l'œuvre tout entière. Mais, à un niveau second, La Rochefoucauld indique lui-même, par cette organisation de son texte, l'usage profitable que l'on peut faire de chacune des composantes de la série, qu'il suffira d'individualiser pour que leur message devienne infiniment plus intéressant et significatif qu'il ne le paraissait tout d'abord, inséré comme il était, parmi d'autres du même genre, dans une liste. Son exergue constitue donc une espèce de modèle publicitaire, une mise en abîme de la citation.

La maxime qui ouvre *Les Caractères* de La Bruyère :

> Tout est dit, et l'on vient trop tard depuis plus de sept mille ans qu'il y a des hommes, et qui pensent. Sur ce qui concerne les mœurs, le plus beau et le meilleur est enlevé ; l'on ne fait que glaner après les anciens et les habiles d'entre les modernes

sans être mise en exergue, accomplit pourtant une fonction très semblable : comment juger autrement le fait paradoxal d'affirmer que tout a déjà été dit, et de proposer ensuite tout un livre où l'on ne fait que reparler de ces sujets supposés épuisés ? Plus qu'un premier élément parmi d'autres, cette maxime est un avant-propos où l'auteur, par vraie ou fausse modestie, sollicite l'indulgence de son lecteur.

Il n'en va pas de même pour la maxime enchâssée. Si tous les travaux sur la citation accordent une attention particulière au rapport entre le passage cité et le texte citant, rares sont ceux qui prennent en considération la relation étroite entre ce passage, ce qui le précède et ce qui lui succède dans son texte d'origine. Même quand elle se trouve sous une forme complètement autonome et par conséquent immédiatement isolable, et qu'elle constitue une unité sémantique parfaitement compréhensible, la maxime entretient avec son contexte premier une relation implicite qui se perd dans le découpage et ne se transmet pas par la citation. Mais le plus souvent la formule se fond grammaticalement dans le contexte au moyen de conjonctions, adverbes ou locutions diverses qui l'intègrent parfois si bien, qu'elle peut facilement passer inaperçue. Son degré d'intégration au contexte reflète les intentions de l'auteur et sa manière de concevoir le rôle de la maxime : comme un genre en soi, préparé pour l'éventuelle citation, comme un moyen stylistique ou argumentatif subordonné à un raisonnement, ou comme les deux à la fois.

Plusieurs types d'œuvres illustrent les différentes manières de créer et d'employer les maximes enchâssées.

Les Fables de La Fontaine constituent un exemple unique de mise en vedette de la maxime enchâssée, et qui se rapproche, de bien des points de vue, de la maxime mise en exergue dans le recueil. La place très spéciale de la formule est due ici à la structure de la fable elle-même, composée de deux parties de longueur différente et d'importance inversement

proportionnelle à la longueur : l'*exemplum* et la moralité. Bien que la brièveté caractérise aussi bien l'exemplum que la morale (mais l'anecdote est
brève chez La Fontaine par goût et par conviction esthétique [124], alors que la
morale est concise parce que le genre l'exige), cette dernière, conçue sous
forme de maxime, s'identifie le plus souvent avec la phrase, une phrase qui
doit être frappante et concise pour deux raisons : d'une part, comme nous
l'avons déjà dit, pour répondre aux exigences du genre de la maxime,
d'autre part pour être édifiante et mémorable en tant que leçon à tirer.
Située au début ou à la fin de la fable, la morale/maxime occupe toujours,
dans l'organisation de l'œuvre, une place privilégiée. Ouvrant le poème, la
morale est non seulement donnée généralement sous forme de maxime
indépendante, mais elle est détachée, de surcroît, du reste du texte par un
blanc typographique. Tel est le cas, en effet, pour les exemples suivants :

> Ne forçons point notre talent ;
> Nous ne ferions rien avec grâce. (*L'Ane et le petit chien*, IV, 5)
> La Mort ne surprend point le sage ;
> Il est toujours prêt à partir,
> S'étant su lui-même avertir
> Du temps où l'on se doit résoudre à ce passage.
>   (*La Mort et le mourant*, VIII, 1)
> Il ne faut point juger des gens sur l'apparence.
>   (*Le Paysan du Danube*, XI, 7)

    Ailleurs, l'auteur explicite la relation affirmation/preuve entre la mora-
le et l'anecdote de la fable, en annulant, ou non, le blanc typographique
entre ces deux éléments :

> *La raison du plus fort est toujours la meilleure :*
> Nous allons le montrer tout à l'heure. (*Le Loup et l'agneau*, I, 10)
> *Chacun a son défaut où toujours il revient :*
> *Honte ni peur n'y remédie.*
> Sur ce propos, d'un conte il me souvient :
> Je ne dis rien que je n'appuie
> De quelque exemple. (*L'Ivrogne et sa femme*, III, 7)
> *L'avarice perd tout en voulant tout gagner.*
> Je ne veux, pour le témoigner,
> Que celui dont la Poule, à ce que dit la fable,

---

124. La Fontaine exprime souvent, en effet, son goût pour la concision : « [...] les ouvrages les
plus courts sont toujours les meilleurs », affirme-il dans *Les Lapins* (X, 14) ; et ce n'est peut-être pas
un hasard si cette maxime littéraire figure dans un poème dédié au duc de La Rochefoucauld. A propos de la brièveté dans les *Fables* cf. M. Slater, « La Fontaine and Brevity », in *French Studies*,
XLIV, 2, 1990, pp.143-55.

Pondait tous les jours un œuf d'or.
(*La Poule aux œufs d'or*, V, 13)
Rien ne sert de courir, il faut partir à point.
Le lièvre et la tortue en sont un témoignage.
(*Le Lièvre et la tortue*, VI, 10)
Dieu fait bien ce qu'il fait. Sans en chercher la preuve
En tout cet univers, et l'aller parcourant,
Dans les citrouilles je la treuve. (*Le Gland et la citrouille*, IX, 4)

Mais en reliant ainsi la maxime à la fable, La Fontaine ne fait, en réalité, que souligner sa qualité d'enseignement, l'idée générale à retenir, la règle de conduite à suivre; il indique, en même temps, que la preuve apportée par l'anecdote, quel que soit son poids, n'est en effet qu'un exemple parmi d'autres possibles, et subordonné par conséquent du point de vue de l'importance à la maxime/morale. Celle-ci peut aussi se présenter en formule indépendante pour clore la fable et laisser ainsi le lecteur sur l'effet accru de l'avertissement :

Nous n'écoutons d'instinct que ceux qui sont les nôtres
Et ne croyons le mal que quand il est venu.
(*L'Hirondelle et les petits oiseaux*, I, 8)
Les délicats sont malheureux :
Rien ne saurait les satisfaire. (*Contre ceux qui ont le goût difficile*, II, 1)
En toute chose il faut considérer la fin. » (*Le Renard et le bouc*, III, 5)

Plus rarement, la fable est elle-même enchâssée entre deux maximes, comme dans le cas du *Lion et le rat* (II, 11) où l'anecdote, venant illustrer une morale commune à deux fables [125] :

Il faut autant qu'on peut obliger tout le monde :
On a souvent besoin d'un plus petit que soi.

propose, à la fin, sa propre leçon :

Patience et longueur de temps
Font plus que force ni que rage.

Mais la morale en fin de fable est elle aussi, souvent, intégrée de manière organique à l'exemple, et même, parfois, prononcée par un personnage, comme dans *Le Renard et le corbeau* (I, 2) :

Le Renard s'en saisit [du fromage], et dit : Mon bon Monsieur,
Apprenez que *tout flatteur*
Vit aux dépens de celui qui l'écoute...

---

125. La deuxième est *La Colombe et la fourmi*, II, 12.

La subordonnée complétive qui contient la maxime est identifiée dans le texte comme morale de la fable :

> *Cette leçon* vaut bien un fromage, sans doute.

La Fontaine se sert par ailleurs d'une technique supplémentaire – la proverbialisation de la morale – visant un double but : d'une part attirer encore plus l'attention sur la maxime/enseignement, et d'autre part, par un subterfuge stylistique, prêter à celle-ci un surcroît d'autorité. La morale est généralement proverbialisée au moyen d'une patine archaïsante, obtenue par la suppression des déterminants du nom et/ou un style familier, au vocabulaire plus riche et plus varié que celui de la maxime mondaine.

> Autorisé par la tradition du conte, encouragé par la liberté habituelle du style marotique où il s'était essayé, il [La Fontaine] peut, sans scrupule, employer les mots bas ou vieillis, ceux que Vaugelas écartais depuis vingt ans du style soutenu, ceux que Malherbe interdisait à la poésie.

écrit A. Cart [126]. En mimant le proverbe en ce qu'il a de plus convaincant – son ancienneté – la morale prétend obtenir plus facilement l'adhésion du lecteur et son obéissance à la règle qu'elle préconise.

Au théâtre, la maxime bénéficie d'un statut différent et bien plus complexe. Son rôle moral diminué (les maximes reflètent ici la moralité, bonne ou mauvaise, du personnage) elle acquiert, en revanche, une valeur esthétique importante et fonctionne par ailleurs comme un outil dramatique à part entière. Les maximes intégrées à l'œuvre théâtrale étaient très prisées par le public et constituaient par conséquent un objectif important dans la composition de la pièce. Ainsi que nous le montrerons plus loin, il est faux que seule la tragédie – genre « sérieux » – se pare de maximes ; la comédie en contient aussi en grand nombre et Molière, en particulier, sait en tirer le plus grand profit sur le plan dramatique. A l'impression, les éditeurs indiquaient dans le texte les maximes à retenir, en les plaçant entre guillemets, ou en les soulignant par quelque autre moyen typographique [127]. Cet usage, très courant, selon J. Schérer, dans le premier tiers du XVIIe siècle, est peu à peu abandonné par la suite. Sa disparition « pose le problème dramaturgique de la sentence. En effet, à partir du moment où

---

126. La Fontaine, *Fables choisies*, Paris, Larousse, coll. « Classiques Larousse », c. 1934, t. I, « Notice », p. 11. Pour le conflit entre le « style soutenu » préconisé par Vaugelas et le « style bas » du proverbe, cf. Molière, *Les Femmes savantes* (I, 6 et 7)

127. Cf. Furetière (entrée *sentence*) : « Ces belles maximes qui sont dans les Poëtes et les Historiens sont marquées comme sentences en gros caractères, afin qu'on les retienne mieux. »

l'auteur dramatique commence à considérer que sa pièce est faite moins pour être lue, comme les autres productions de la littérature, que pour être jouée sur un théâtre, il abandonne l'artifice typographique des guillemets, qui n'est sensible qu'au lecteur, et cherche à le remplacer, pour le spectateur, par d'autres artifices qui mettront en valeur les sentences qu'il faut admirer [128] ». Ainsi, l'acteur, sur la scène, soulignait de la voix et du geste le ou les vers sentencieux à retenir ; mais, à part le jeu de scène, la maxime est devenue, par sa structure même et la place qu'elle occupe dans l'ensemble de l'œuvre, un élément saillant et par conséquent remarquable.

« Il a fallu écrire de telle sorte que l'auditeur remarquât les sentences et les applaudît », affirme J. Schérer ; et de sorte qu'il les retînt, ajouterons-nous. Le moyen le plus courant pour la mise en relief de la maxime est de la faire coïncider avec le vers. Il y a dans ce qui précède et dans ce qui suit tant d'exemples de maximes coïncidant avec l'alexandrin, qu'il ne paraît pas nécessaire d'en ajouter ici. Il arrive même qu'une suite de plusieurs vers soit composée d'autant de maximes indépendantes que de lignes ; tout en convergeant vers un même message, chaque phrase est alors isolable et susceptible d'être citée séparément. Cette technique, employée aussi par La Fontaine, comme on pourra s'en assurer en relisant les exemples cités plus haut, peut aussi être relevée fréquemment chez Corneille, où des passages entiers sont formés par la juxtaposition de maximes à un ou deux vers.

1. La justice n'est pas une vertu d'Etat.
2. Le choix des actions, ou mauvaises, ou bonnes
    Ne fait qu'anéantir la force des couronnes ;
3. Le droit des rois consiste à ne rien épargner :
4. La timide équité détruit l'art de régner.
5. Quand on craint d'être injuste on a toujours à craindre ;
6. Et qui veut tout pouvoir doit oser tout enfreindre [...]
7. Qui punit le vaincu ne craint point le vainqueur. »
                                        (*Pompée*, I, 1)

1. On ne renonce point aux grandeurs légitimes ;
2. On garde sans remords ce qu'on acquiert sans crimes ;
3. Et plus le bien qu'on quitte est noble, grand, exquis,
    Plus qui l'ose quitter le juge mal acquis. (*Cinna*, II, 1)

Un dilemme se pose toutefois à l'auteur : tout en désirant fournir au spectateur le produit qu'il apprécie tant et gagner son admiration, il doit, en même temps, satisfaire la critique – très influente au XVIIe siècle – qui

---

128. J. Schérer, *op. cit.*, p. 321.

n'approuve l'emploi de la maxime que dans la mesure où il est solidement justifié et, même dans ce cas, uniquement si la formule « se glisse imperceptiblement dans tout le corps d[u] [...] poème [129] ».

Ceci explique une concession importante de la part de l'auteur : une mise en relation plus étroite de la maxime avec son contexte au moyen de conjonctions, de préférence monosyllabiques, afin de ne pas diminuer son statut citationnel. Nous avons déjà vu de nombreuses maximes/alexandrins commençant par *et*; on peut aussi en trouver de très belles, au théâtre comme dans les fables, qui commencent par *mais*, par *car* ou *ainsi* :

> *Mais* la raison n'est pas ce qui règle l'amour(M., *Le Misanthrope*, I, 1)
> *Mais* aux ombres du crime on prête aisément foi,
> Et ce n'est pas assez de bien vivre pour soi. (M. *Le Misanthrope*, III, 4)
> *Mais* qui peut vivre infâme est indigne du jour. (C., *Le Cid*, I, 5)
> *Car* c'est double plaisir de tromper le trompeur.
> (LF., *Le Coq et le renard*, II, 15)

Quand la maxime s'étend sur deux vers consécutifs, ceux-ci riment généralement ensemble :

> La parfaite raison fuit toute extrémité
> Et veut que l'on soit sage avec sobriété. (M., *Le Misanthrope*, I, 1)
> Ceux de qui la conduite offre le plus à rire
> Sont toujours sur autrui les premiers à médire. » (M., *Le Tartuffe*, I, 1)

Les maximes composées de deux vers qui ne riment pas ensemble sont presque introuvables; en voici une, toutefois, due sans doute à la densité sentencieuse de *L'Art poétique* :

> Soyez-vous à vous-même un sévère critique.
> L'ignorance toujours est prête à s'admirer [130]. (B., I, v. 184-5)

Souvent un vers/maxime, énergique et qui se suffit à lui-même, est étayé dans le texte par un autre vers qui rime avec lui et qu'on peut joindre à la citation, ou qui, à la scène, donne à l'expression une plus grande consistance :

> Qui veut mourir ou vaincre est vaincu rarement :
> Ce noble désespoir périt malaisément. (C., *Horace*, II, 1)
> Un monarque a souvent des lois à s'imposer,
> Et qui veut pouvoir tout, ne doit pas tout oser. (C., *Tite et Bérénice*, IV, 5)

---

129. D'Aubignac, *Pratique du théâtre*, livre IV, ch. V, p. 319.

130. Cette unité sentencieuse est composée de deux maximes indépendantes. Voir, plus loin, la technique de la maxime feuilletée.

Dans le premier de ces exemples, le deuxième vers appuie phonétiquement, par le rythme et la rime, le premier, mais, ce faisant, il en affaiblit l'effet; dans le deuxième exemple, tiré de *Tite et Bérénice*, c'est l'inverse qui arrive : le second vers pris seul constitue une meilleure maxime que l'ensemble des deux. Les maximes théâtrales sont souvent très longues, mais leur potentiel citationnel diminue proportionnellement à leurs dimensions. Corneille, virtuose de la maxime, sait éviter, par exemple, l'unité de trois vers, où, nécessairement, l'un des trois ne rime pas avec les deux autres et y introduit ainsi un élément discordant. Toutefois, quand ils y ont recours, Corneille, aussi bien que les autres dramaturges, prennent bien soin de commencer par le vers seul et sans rime, et de ménager une chute rimée :

> [Sire], nous n'avons part qu'à la honte des nôtres,
> Et de quelque façon qu'un autre puisse agir,
> Qui ne nous touche point, ne nous fait point rougir. (C., *Horace*, V, 3)
> L'amour n'est pas un feu qu'on renferme en une âme ;
> Tout nous trahit, la voix, le silence, les yeux ;
> Et les feux mal couverts n'en éclatent que mieux.
> (R., *Andromaque*, II, 2)

L'on remarquera dans ces vers une technique fréquente au théâtre [131] : un groupe de vers forme une longue maxime, à l'intérieur de laquelle, toutefois, certaines lignes sont détachables et constituent à elles seules des maximes très vigoureuses. Dans les deux exemples ci-dessus le premier et le dernier vers de chaque groupe de trois sont des formules indépendantes et susceptibles d'être retenues et citées séparément. La maxime à quatre vers, fréquente chez Corneille, se divise généralement en deux maximes à deux vers et, en tout cas, est relativement facile à mémoriser grâce au rythme et à la rime :

> L'amour rend tout permis ;
> Un véritable amant ne connaît point d'amis,
> Et même avec justice on peut trahir un traître
> Qui pour une maîtresse ose trahir son maître. (C., *Cinna*, III, 1)

Particulièrement épris de la maxime et très soucieux de n'en perdre jamais l'effet, Corneille divise toujours un long passage sentencieux en plusieurs maximes reconnaissables comme telles ; ainsi, les six vers suivants, composant une seule maxime, peuvent à leur tour se diviser en deux maximes autonomes ; de plus, le premier vers constitue une maxime en soi, la plus remarquable de l'ensemble :

---

131. Mais aussi chez Boileau : cf. les exemples cités plus haut.

> *L'ambition déplaît quand elle est assouvie,*
> D'une contraire ardeur son ardeur est suivie ;
> [Et] comme notre esprit jusqu'au dernier soupir
> Toujours vers quelque objet pousse quelque désir,
> Il se ramène en soi, n'ayant plus où se prendre,
> Et monté sur le faîte, il aspire à descendre. (C., *Cinna*, II, 1)

Molière pratique aussi la longue maxime se réduisant facilement à une maxime initiale mémorable, de un ou deux vers :

> [...] *l'amour est un grand maître.*
> Ce qu'on ne fut jamais il nous enseigne à l'être,
> Et souvent de nos mœurs l'absolu changement
> Devient par ses leçons l'ouvrage d'un moment.
> De la nature en nous il force les obstacles,
> Et ses effets soudains ont de l'air des miracles :
> D'un avare à l'instant il fait un libéral,
> Un vaillant d'un poltron, un civil d'un brutal ;
> Il rend agile à tout l'âme la plus pesante,
> Et donne de l'esprit à la plus innocente (M., *L'Ecole des femmes*, III, 4)

Parfois la maxime est enchâssée entre deux formules indépendantes, détachables :

> [Et] *l'on voit les amants vanter toujours leur choix* ;
> Jamais leur passion n'y voit rien de blâmable,
> [Et] dans l'objet aimé tout leur devient aimable ;
> Ils comptent les défauts pour des perfections
> Et savent y donner de favorables noms.
> La pâle est aux jasmins en blancheur comparable ;
> La noire à faire peur, une brune adorable ;
> La maigre a de la taille et de la liberté ;
> La grasse est dans son port pleine de majesté ;
> La malpropre sur soi, de peu d'attraits chargée
> Est mise sous le nom de beauté négligée ;
> La géante paraît une déesse aux yeux ;
> La naine, un abrégé des merveilles des cieux ;
> [...]
> C'est ainsi qu'*un amant dont l'ardeur est extrême*
> *Aime jusqu'aux défauts des personnes qu'il aime.*
> (M., *Le Misanthrope*, II, 4)

Cette technique, que nous appellerons « feuilletage », permet à l'auteur d'enchâsser efficacement la maxime dans un discours continu prolongé autrement que par le simple moyen – plus remarqué par la critique – des chevilles linguistiques, tout en aidant le lecteur/spectateur, par une action inverse, d'« effeuillage », à attraper au vol et à retenir, dans une longue maxime, quelques lignes plus saillantes.

Plusieurs variantes particulièrement intéressantes de ces techniques de mise en vedette peuvent être décelées dans *L'Art poétique* de Boileau ; cette œuvre constitue d'ailleurs un cas très à part, parce qu'elle contient une richesse exceptionnelle de maximes et la gamme la plus étendue de formules de tous les genres.

« Avec Corneille et La Fontaine – écrit R. d'Hermies [132] – il [Boileau] est le poète dont les vers frappés en formules définitives se fixent dans la mémoire avec le plus de facilité : la pensée s'est cristallisée chez lui en forme de proverbes ». R. d'Hermies semble hésiter entre les termes « formule », « pensée » et « proverbe », entretenant ainsi une confusion terminologique qu'il est pourtant plus facile de dissiper dans le cas de Boileau que pour d'autres auteurs. En réalité, étant donné que *L'Art poétique* est un traité de style destiné à tracer les grandes lignes de la « bonne littérature », l'ouvrage se définit d'emblée comme un ensemble de *préceptes*. Bien qu'on ait pu reprocher à cette œuvre une certaine monotonie, elle représente, de notre point de vue, le texte le plus complexe de tous ceux qui pratiquent, au XVIIᵉ siècle, le discours d'autorité. Préceptes, adages, proverbes et maximes s'y côtoient, voire s'y combinent, afin de bâtir une argumentation complexe, s'efforçant d'imposer un idéal esthétique et de le justifier à la fois. Cela pose, évidemment, le problème de la quantité et le risque de la saturation : des maximes en si grand nombre risquent de s'éclipser complètement les unes les autres. Les préceptes de *L'Art poétique* consistent en général en conseils pratiques portant sur des points spécifiques de l'art d'écrire, et ils constituent la trame même du poème :

> Aimez donc la raison : que toujours vos écrits
> Empruntent d'elle seule et leur lustre et leur prix. (I, v.37-8)
> Heureux qui, dans ses vers, sait d'une voix légère
> Passer du grave au doux, du plaisant au sévère. (I, v.75-6)

Par moments les directives deviennent si précises, les préceptes si pressants, que l'alexandrin est ressenti comme surajouté :

> 1. Soyez simple avec art,
>   Sublime sans orgueil, agréable sans fard.
> 2. N'offrez rien au lecteur que ce qui peut lui plaire.
> 3. Ayez pour la cadence une oreille sévère [...] (I, v.101-4)

---

132. Commentaire à l'édition « Classiques Larousse » de *L'Art poétique*, « Notice », p. 63.

Et ainsi de suite. L'on remarquera déjà dans cet exemple la technique du « feuilletage » : un ensemble de vers concourant à un même message, mais composé de plusieurs maximes qu'il est possible de citer isolément. Afin de varier l'expression et de mieux capter l'attention du lecteur, le précepte construit à l'impératif alterne régulièrement avec les variantes : *il faut* ou « sujet + *devoir* » :

> Il faut que le cœur seul parle dans l'élégie. (II, v.57)
> Il faut, même en chanson, du bons sens et de l'art. (II, v.191)
> La rime est une esclave et ne doit qu'obéir. (I, v.30)

Le sujet non animé et abstrait apparaît souvent avec le subjonctif de la troisième personne :

> Ce qu'on ne doit point voir, qu'un récit nous l'expose. (III, v.51)
> Que dans tous vos discours la passion émue
> Aille chercher le cœur, l'échauffe et le remue. (III, v.15-6)

Pourtant, tout en gardant sa forme lapidaire, le précepte acquiert parfois une signification plus générale, énonçant des règles qui, dépassant la « recette » artisanale, accèdent à une vérité philosophique qui le transforme en adage. La caractéristique principale de l'adage de Boileau, et qui le distingue fondamentalement de ses préceptes, est qu'il transmet un conseil qui ne porte plus l'empreinte de la seule doctrine classique, mais vaut pour toute époque et pour toute personne qui écrit, même si elle n'aspire pas à la création littéraire. Il importe donc que ces formules générales prennent un relief particulier dans le tout; à cette fin Boileau met en œuvre des moyens originaux et variés. Tantôt il fait précéder son propre précepte d'une parole célèbre, tel cet adage latin cher à l'empereur Auguste et que nous avons déjà mentionné – *Festina lente* – qui apparaît dans *L'Art poétique* traduit en français :

> *Hâtez-vous lentement*, et, sans perdre courage,
> Vingt fois sur le métier remettez votre ouvrage :
> Polissez-le sans cesse et le repolissez. (I, v.171-3)

Tantôt il présente son propre enseignement, frappé en formule autonome, comme une morale se dégageant d'un exemple :

> Il est certains esprits dont les sombres pensées
> Sont d'un nuage épais toujours embarrassées;
> Le jour de la raison ne le saurait percer.
> *Avant [donc] que d'écrire, apprenez à penser.* (I, v.147-50)

Certaines de ces maximes, émises certes dans le contexte de l'écriture, acquièrent ainsi une portée générale; voici, par exemple, deux vers constituant une unité sentencieuse à base de deux maximes indépendantes (une pour chaque vers), et qui s'appliquent pratiquement à tout contexte humain et correspondent en partie à la morale du *Renard et le corbeau*, qui traite pourtant d'un tout autre aspect des relations humaines :

> Tel vous semble applaudir qui vous raille et vous joue.
> Aimez qu'on vous conseille, et non pas qu'on vous loue. (I, v.191-2)

Boileau est un virtuose de l'insertion de la maxime dans un discours logique continu, sans en affaiblir pour autant le potentiel citationnel. Cette réussite est due au fait qu'il observe consciencieusement la première règle de détermination de la maxime en vers : son identification à l'alexandrin. Dans une suite de plusieurs vers arguant un point précis de l'écriture, un alexandrin/maxime se détache soudain avec vigueur et se recommande à la citation, bien qu'il ne constitue, en fait, qu'un des chaînons logiques d'un raisonnement :

> Selon que notre idée est plus ou moins obscure,
> L'expression la suit, ou moins nette, ou plus pure.
> *Ce que l'on conçoit bien s'énonce clairement*
> Et les mots pour le dire arrivent aisément. (I, v.151-4)

Le quatrième vers ci-dessus, celui qui succède à cette maxime, la plus célèbre de Boileau, est presque pléonastique, mais, dans l'ensemble du texte, il offre l'avantage de la consolider par le rythme et par la rime. Par ailleurs, soit qu'il ne méprise pas le cliché et le proverbe comme certains de ses contemporains, soit qu'il s'en serve, précisément, afin de rehausser par contraste la valeur d'opinion individuelle de la maxime, Boileau intercale dans son texte des proverbes et des expressions figées :

> La montagne en travail enfante une souris. » (III, v.274)
> Souvent la peur d'un mal nous conduit dans un pire. » (I, v.64)

et des imitations de proverbes :

> Un sot trouve toujours un plus sot qui l'admire. (I, v.232)
> Pensant fuir un écueil, souvent vous vous noyez. (IV, v.70)
> Quelquefois du bon or je sépare le faux [133]. (IV, v.233)

---

133. Le premier de ces trois vers rappelle « A trompeur, trompeur et demi » ; le deuxième est une variation sur « tomber de mal en pis », qui figure déjà ailleurs dans le poème (I, v. 64) ; le troisième évoque la parabole du *Nouveau Testament* (Matt., 13, 24-30) qui se trouve à l'origine de l'expression métaphorique « séparer le bon grain de l'ivraie ». On remarquera que les clichés sont construits en propositions, ce qui leur donne une allure de proverbe.

Ainsi, *L'Art poétique* constitue à lui seul un micro-corpus illustrant la production de la maxime sous toutes ses formes : ses rapports avec le proverbe, la citation, la mise en relief de la formule à retenir, son emploi stylistique et logique. Pour lui, comme pour les autres auteurs du XVIIe siècle, il faudrait maintenant passer en revue les moyens stylistiques permettant la mise en valeur de la maxime. Ces moyens, pour nombreux et variés qu'ils soient, s'avèrent cependant peu pertinents à ce niveau de l'analyse, où nous nous efforçons de découvrir les stratégies de l'émetteur pour garantir le statut citationnel de la maxime. Non que l'auteur ne soit pas toujours à la recherche de l'originalité, de l'invention, de l'élégance, de la concision, mais, en comparant la maxime avec son environnement linguistique, on s'apercevra très vite que ces efforts ne concernent pas la seule phrase sentencieuse. La recherche de la saillie, du mot d'esprit, de l'expression « bien frappée », qu'on admire tant dans le style de La Rochefoucauld, se retrouve avec la même force, par exemple, dans les lettres de Mme de Sévigné. Les maximes de La Bruyère ne diffèrent pas par le style de ses portraits et de ses réflexions diverses. Quant à la maxime versifiée, il n'est pas de procédé stylistique – fût-il des plus raffinés – qui ne puisse être relevé dans d'autres vers de la même œuvre, tragédie, comédie ou poème ; tous les vers classiques aspirent à la même perfection esthétique, ce qui permet à Ch. Perelman d'affirmer que « [...] tous les morceaux connus de la littérature classique ont quelque chose de la formule rituelle – semblent des clichés justement à cause de leur prétention à l'originalité [134] ». L'*exemplum* de la fable, par exemple, n'est ni moins beau ni moins frappant que la morale/maxime ; certains de ses vers sont aussi mémorables, sinon plus, qu'elle. Un exemple : dans *Le Meunier, son fils et l'âne* (III, 1), le vers

> Le plus âne des trois n'est pas celui qu'on pense

est bien plus spirituel que cette maxime enchâssée dans l'histoire et qui constitue une morale intermédiaire :

> [...] est bien fou de cerveau
> Qui prétend contenter tout le monde et son père

et plus remarquable même que la morale finale :

> Quant à vous, suivez Mars, ou l'Amour, ou le Prince... etc.

---

134. Ch. Perelman, *Traité de l'Argumentation*, p. 222.

Tous les procédés rhétoriques et les effets de style qui seront discutés dans le chapitre suivant peuvent aussi être relevés dans des phrases qui ne sont pas des maximes. Dès la première scène d'*Horace*, dès la première réplique de Sabine, nous trouvons des procédés considérés comme caractéristiques de la maxime; et les vers ci-dessous pourraient en effet constituer une maxime sans le *là* déictique et l'emploi personnel de *on* (*on* pour *je*) :

> Quand *on* arrête *là* les déplaisirs d'une âme,
> Si l'on fait moins qu'un homme, on fait plus qu'une femme.

La répétition du verbe *faire* dans chaque hémistiche du deuxième vers, conjointement à l'opposition lexicale des compléments *moins/plus*, *homme/femme*, sont en effet des moyens communément associés au style de la maxime aussi bien en prose qu'en vers. L'opposition de termes antonymiques ayant la même fonction syntaxique dans les deux hémistiches

> Je crains notre *victoire* autant que notre *perte*. (C., *Horace*, I, 1)
> Tu me *haïssais plus*, je ne t'*aimais* pas *moins*. (R., *Phèdre*, II, 5)

et la répétition en écho

> Je suis *Romaine*, hélas, puisqu'Horace est *Romain* (C., *Horace*, I, 1)

ou par synonymie

> Je m'*abhorre* encore plus que tu ne me *détestes*. (R., *Phèdre*, II, 5)

rendent ces vers aussi envoûtants que la formule sentencieuse, et aussi mémorables. De simples répliques font écho, stylistiquement, à la maxime (en italiques) :

> [...] *après la bataille il ne demeure plus*
> *Ni d'obstacle aux vainqueurs, ni d'espoir aux vaincus.*
> [...]
> Et je garde, au milieu de tant d'âpres rigueurs,
> Mes larmes aux vaincus, et ma haine aux vainqueurs.

dit Sabine dans *Horace* (I, 1). Que l'on compare ces vers avec deux maximes tirées de *Pompée* (I, 1) :

> Qui punit le vaincu ne craint point le vainqueur.
> Qui n'est point au vaincu ne craint point le vainqueur.

On constate donc que la production de la maxime s'inscrit, du point de vue stylistique, dans l'effort qui caractérise l'ensemble de la création littéraire; toutefois, les qualités plus ou moins grandes de l'expression deviendront un critère pertinent pour l'emprunteur, au moment de choisir la formule à citer.

DES ENONCES SELECTIONNES POUR LA CITATION

« Lisant, qu'est-ce qui fait que je m'interromps, que je tombe en arrêt devant telle phrase plutôt que telle autre ? Qu'est-ce que cette butée déclenche chez moi ? » se demande, dans son livre sur la citation, A. Compagnon [135]. Pour lui, un premier mouvement, passionné et sensuel, décide du butin de la lecture – un mouvement qu'il appelle « la sollicitation », et qui serait un coup de foudre pour un segment de texte, un mouvement « parfaitement arbitraire, tout à fait contingent et imaginaire ». Pour Compagnon, en effet, cette passion pour un fragment n'est même pas liée à la valeur intrinsèque du texte, puisque, comme dans la théorie de Stendhal sur l'amour (à laquelle il fait d'ailleurs allusion en parlant de « cristallisation ») les stimuli les plus divers peuvent l'exciter et y servir de catalyseurs.

On ne peut pas nier, en effet, l'attraction mystérieuse qu'exerce parfois sur le lecteur un vers dans un poème, une réplique dans une pièce, une phrase dans un récit ou dans un essai ; ces fragments seront mémorisés sans effort, nous poursuivront pendant quelque temps, et seront vite incorporés à notre bagage culturel, à notre réservoir de citations personnel. Le temps risque d'en effacer la référence : n'entendons-nous pas tous les jours et même au cours de conférences « savantes », des citations introduites par « quelqu'un a dit... « ou « j'ai lu quelque part... »? Cependant l'idée quelque peu romantique d'un fonds de citations constitué par des amours successifs ne correspond pas à la réalité. Un grand nombre de textes que nous savons par cœur nous ont été imposés à l'école et ont été mémorisés, hélas, par tant d'enfants, non pas avec amour, mais par devoir, quitte à avoir été réévalués à un âge plus avancé [136]. Quant à ceux pour qui la citation représente un outil de travail – juristes, chercheurs en sciences humaines, et scientifiques de tous bords – ils lisent généralement avec une grille, cherchant le passage à citer patiemment mais impassiblement, ou, pour rester dans le registre métaphorique de Compagnon, avec la tête et non avec le cœur (mais n'y a-t-il pas aussi des amours de tête ?) De Compagnon nous emprunterons aussi deux autres termes métaphoriques

---

135. A. Compagnon, *op. cit.*, p. 23-4.

136. Un exemple impressionnant de ce point de vue est donné par Primo Levi dans son livre *Se questo è un uomo*. Dans le camp de concentration d'Auschwitz, les seuls moments où Levi, prisonnier, se souvient encore de sa qualité d'être humain sont ceux où il déclame et traduit pour un ami alsacien des vers de *La Divine Comédie*, appris dans son enfance. Chaque fois qu'il ne retrouve plus la citation correcte, le jeune homme se reproche, avec chagrin, de ne pas avoir appris plus consciencieusement les citations qu'on lui avait demandé de mémoriser à l'école.

concernant la pratique de la citation, mais tirés cette fois-ci de la terminologie chirurgicale : le « prélèvement » du fragment à citer (de son texte d'origine) et la « greffe » (dans le texte final).

A la lumière de ce qui précède, il sera utile de distinguer entre la sélection (ou le prélèvement) arbitraire et la sélection fonctionnelle. La première se fait selon les critères subjectifs du citant (cf. le coup de foudre de Compagnon), qui isole le fragment pour son propre plaisir et sans but précis dans l'immédiat ; le passage ainsi sélectionné sera intégré, par la suite, dans la « bibliothèque imaginaire » du citant. La seconde est une sélection pragmatique, servant un but déterminé, précis et immédiat : le fragment prélevé sera donc aussitôt cité dans le texte final auquel il a d'emblée été destiné et, le but de la citation atteint, il sera ou ne sera pas gardé dans la mémoire culturelle du citant. Afin de mieux comprendre comment celui-ci choisit le passage à citer, il convient de s'interroger sur les buts de la citation et sur ses fonctions éventuelles dans le texte sur lequel elle se greffe.

Dans un article consacré précisément à ce sujet, S. Morawsky [137] distingue quatre fonctions fondamentales de la citation : étalage d'érudition, invocation d'autorité, renforcement (ou amplification) de l'idée traitée et décoration. Compagnon critique avec raison cette liste « ni exhausti[ve], ni homogène » :

> Les deux premières fonctions, en effet, sont externes ou intertextuelles, ou, selon les termes de l'ancienne rhétorique, les deux premières fonctions relèvent de *l'inventio*, les deux dernières de *l'elocutio* [138].

Quant aux fonctions elles-mêmes, elles sont, bien entendu, bien plus nombreuses et plus difficiles à cataloguer : on cite aussi pour illustrer son propos, pour apporter un nouvel argument ou, au contraire, pour présenter un point de vue différent, pour varier le style, pour divertir l'auditoire par un mot d'esprit, pour relâcher la tension, ou pour plusieurs de ces raisons à la fois.

Ayant toutes ces fonctions possibles à l'esprit, il faut s'interroger maintenant sur les qualités requises du passage sélectionné pour la citation. A propos des formes gnomiques, plusieurs critères ont été mentionnés : la vérité de la formule, sa valeur morale, le fait de constituer l'objet d'un consensus plus ou moins large et une haute qualité formelle (style

137. S. Morawsky, « The Basic Functions of Quotations », in *Sign, Language, Culture*, The Hague, Paris, Mouton, 1970, pp.690-705.

138. A. Compagnon, *op. cit.*, p. 99.

noble, ou composition originale, ou expression saisissante). Comme pour la structure, dans les chapitres précédents, ce qui suit a pour but de détruire une partie de ces idées stéréotypées et d'en modifier certaines autres.

La maxime-vérité

Le citant qui sélectionne une maxime pour la citation la choisit-il en tant qu'expression d'une vérité générale? Certains auteurs en sont convaincus, au point d'inclure cette caractéristique parmi les traits définitoires du genre. Dans son étude de la maxime dans le théâtre classique, J. Schérer, par exemple, reprend la définition de l'abbé d'Aubignac, qui voit dans les sentences « des propositions générales qui renferment des vérités communes [...] ». Schérer souscrit à cette opinion qui, à son avis, « ne fait aucune difficulté et est admise, en substance, par tous : la sentence exprime une idée générale et abstraite, elle proclame une loi [139] [...] ». Nous avons déjà vu ce qu'il en est de la généralité (ou extension) de la maxime; si elle proclame une loi, cette loi est – pour rester dans la terminologie juridique – à juridiction contentieuse, sur un territoire limité. Mais qu'en est-il de l'expression d'une « vérité commune »? La question est importante car elle est directement et intimement liée à la notion d'autorité. D'ailleurs nous allons inverser ici la perspective de la définition : ce n'est pas de savoir si la maxime exprime toujours la vérité qui nous intéresse ici – question à laquelle d'ailleurs, on ne saurait donner une réponse générale – mais si le citant la choisit, lui, parce qu'il croit y reconnaître la vérité et qu'il adhère, par conséquent, à l'idée qu'elle exprime. Afin de vérifier ces hypothèses, il est indispensable, d'abord, de distinguer entre la structure et le contenu, et, pour ce dernier, entre la vérité et l'opinion. Les deux exemples suivants

> La femme aime à parler.
> L'homme est sujet à la mort.

sont donnés par Ch. Perelman [140], respectivement comme une opinion et une vérité. Perelman remarque que, à première vue, l'on ne peut pas distinguer entre ces deux énoncés. En effet, du point de vue linguistique, la seule différence pertinente est l'emploi du nom *femme* pour la composante « femelle » de l'humanité, alors que *homme* est employé comme générique de l'espèce. Le test de vérité est donc extra-linguistique : si l'on postule, logiquement, que la vérité est l'opinion la plus défendable [141], on

---

139. J. Schérer, *op. cit.*, pp.324-5.

140. Ch. Perelman, *op. cit.*, p. 216.

141. Critère de Perelman.

trouve que la deuxième phrase est valable pour tous les éléments de la classe signifiée par le sujet, alors que ceci n'est pas le cas pour la première de ces phrases. Celle-ci n'est donc qu'une opinion – peut-être même largement admise, ce qui la transforme en lieu commun – alors que la seconde est une vérité. Ce test n'étant pas aussi facilement applicable à tous les énoncés, la recherche de la vérité dans la formule littéraire s'avère une entreprise qui échappe aux critères logiques. En effet, comment mesurer le degré de vérité d'énoncés tels que :

La simplicité affectée est une imposture délicate. (LR., 289)
Il y a des folies qui se prennent comme les maladies contagieuses (LR., 300)

ou encore

La férocité naturelle fait moins de cruels que l'amour-propre (LR., 604)

avec des méthodes scientifiques objectives ? La plupart des formules concernant les « hommes » sont des opinions dont le degré de vérité est le plus souvent indéterminable. Mais ces opinions sont coulées dans un moule de vérité – avec les réserves formulées sur sa généralité dans le chapitre précédent – qui leur en imprime l'apparence et leur confère de l'autorité ; « [...] l'opinion n'est qu'apparence de vérité [...] » affirme Ch. Perelman et cette remarque peut se traduire, dans notre contexte, de la manière suivante : la maxime (comme d'ailleurs le proverbe) est une remarque subjective exprimée par une structure qui mime l'objectivité. Ceci explique qu'on puisse trouver des maximes et même des proverbes (qui passent plus facilement et généralement pour vrais, ayant subi l'épreuve du temps et de l'usage) à signification contradictoire. Ainsi à

Tel père, tel fils

fait pendant

A père avare, fils prodigue.

Quant aux maximes, un exemple suffira : sur la valeur préventive de l'exécution capitale, l'on trouve chez Corneille deux opinions inverses :

Par les peines d'un autre aucun ne s'intimide. (*Cinna*, IV, 3)
La crainte de mourir et le désir de vivre
Ressaisissent une âme avec tant de pouvoir,
Que qui voit le trépas cesse de le vouloir.
L'exemple touche plus que ne fait la menace. (*Polyeucte*, III, 3)

Le citant adoptera la formule qui correspond le mieux à son propre avis sur la question ou, de manière plus pragmatique, celle qui sert le mieux son but. Cela ne signifie pas nécessairement tomber dans la démagogie – ce « danger que présente la poursuite à tout prix du succès », contre lequel Platon mettait en garde dans *Gorgias*[142]. La sélection de la maxime à citer en fonction des besoins de l'argumentation peut aussi constituer une recherche sincère de la vérité. La maxime cesse alors d'être elle-même la proposition à vérifier et se transforme en un outil contribuant à élucider une idée ou une théorie qui la transcende.

La maxime–enseignement moral

Le terme « moraliste » désignant les maximistes du XVIIᵉ siècle dérive certes de « morale ». Le dictionnaire donne pour le vocable « morale » plusieurs acceptions, dont nous mentionnerons les deux suivantes :

> 1° (Déb. XVIIᵉ) Science du bien et du mal ; théorie de l'action humaine en tant qu'elle est soumise au devoir et a pour but le bien.
> 2° Ensemble des règles de conduite considérées comme valables de façon absolue[143].

Si le premier volet de la définition – « science du bien et du mal » – correspond plus ou moins aux préoccupations de La Rochefoucauld, de La Bruyère et de Pascal, le deuxième – « en tant qu'elle (l'action humaine) est soumise au devoir et a pour but le bien » ne s'y applique plus : s'ils tentent en effet de peindre, sans la flatter, le tableau de la nature humaine, ces auteurs ne se proposent nullement de la réformer. Le pessimisme foncier qui les habite leur enlève, d'emblée, tout espoir à cet égard (si ce n'est, comme dans le cas de Pascal, par la foi dans la grâce).

La deuxième acception se retrouve dans la morale des fables de La Fontaine : avec plus de certitude et souvent avec une grande conviction, elles indiquent la voie à suivre. Ce n'est pas par hasard que ces préceptes s'appellent *morale* ; dans le dictionnaire, la morale de la fable est donnée comme synonyme de *maxime*[144].

Entre les deux, illustrant tous les points de la définition du dictionnaire, se place la multitude de maximes enchâssées dans des œuvres dramatiques. Tout en mettant en garde contre l'abus de cet élément si populaire à leur

142. Cf. Perelman, « Une théorie philosophique de l'argumentation », in *Le Champ de l'argumentation*, Presses Universitaires de Bruxelles, 1970, p. 14.

143. *Le Petit Robert*.

144. *Ibid.*, entrée *morale*, II, V.

époque, les dramaturges classiques (Hardy, Scudéry, Corneille, d'Aubignac) justifient l'emploi des maximes par le fait qu'elles offrent au lecteur/spectateur un enseignement et des valeurs morales. Cet enseignement, conforme aux principes d'Aristote (instruire en divertissant) se fait, selon eux, d'autant plus habilement que, insérée dans le corps du texte, la maxime enseigne sans en avoir l'air. En réalité, comme nous l'avons vu, certains énoncés sont donnés par le texte même comme des maximes. Mais quel est le message qu'ils prétendent transmettre ? J. Schérer remarque avec raison qu'un grand nombre de ces formules n'en apportent aucun :

> Le temps de chaque chose ordonne et fait le prix. (C., *Pompée*, I, 3)
> Le temps est un grand maître, il règle bien des choses.
> (C., *Sertorius*, II, 4)
> Tous les cœurs trouvent doux le succès qu'ils espèrent.
> (C., *Pompée*, V, 2)

Certaines autres donnent une information qui peut se révéler utile, mais qui est dénuée de tout contenu moral :

> A raconter ses maux souvent on les soulage. (C., *Polyeucte*, I, 3)
> L'entretien des amants veut un entier secret. (C., *Cinna*, III, 2)

Parfois elles expriment une irritante évidence :

> Un oracle toujours se plaît à se cacher,
> Toujours avec un sens il en présente un autre. (R., *Iphigénie*, II, 1)
> Nous sommes tous mortels [145] [...]. (M., *L'Ecole des femmes*, II, 5)

D'autres maximes, dans les pièces les plus sérieuses, sont franchement absurdes :

> Des frères ne sont rien à l'égard d'un époux. (C., *Horace*, III, 4)
> Un véritable amant ne connaît point d'amis. (C., *Cinna*, III, 1)
> Les livres cadrent mal avec le mariage [146].
> (M., *Les Femmes savantes*, V, 3)

Enfin, nombreuses sont les maximes relevant d'une morale bien douteuse :

> La plus haute vertu peut céder à la force. (C., *Suréna*, V, 1)
> L'amour rend tout permis. (C., *Cinna*, III, 1)
> Pour venger un affront tout semble être permis. (C., *Polyeucte*, III, 5)

---

145. La banalité de cette remarque est, évidemment, exploitée à des fins comiques, puisqu'Arnolphe dit cela en apprenant que « le petit chat est mort ».

146. Il est vrai que, dans *Les Femmes savantes*, cette réplique est attribuée à Martine, femme ignorante et rétrograde ; mais, d'autre part, il ne faut pas oublier que Chrysale, son maître, lui donne raison (« Elle a dit vérité ») et que les deux combattent ensemble le parti des précieuses et des pseudo-savants que la pièce se propose de ridiculiser.

> [...] entre deux rivaux la haine est naturelle. (C., *Polyeucte*, I, 1)
> Il est beau de mourir maître de l'univers. (C., *Cinna*, II, 1)
> Il est doux de périr après ses ennemis. (C., *Rodogune*, V, 1)
> [...] qui veut tout pouvoir doit oser tout enfreindre. (C., *Pompée*, I, 1)
> [...] l'argent est la clef de tous les grands ressorts.
> (M., *L'Ecole des femmes*, I, 4)
> Un amant obtient tout quand il est libéral. (C., *Le Menteur*, IV, 1)
> Que la vengeance est douce à l'esprit d'une femme. (C., *Cinna*, V, 2)
> La justice n'est pas une vertu d'Etat. (C., *Pompée*, I, 1)
> Le droit des rois consiste à ne rien épargner. (C., *Pompée*, I, 1)

Le recul dans le temps dément par ailleurs certaines opinions exprimées avec force en leur temps :

> Le pire des Etats, c'est l'Etat populaire. (C., *Cinna*, II, 1)
> [...] quand le peuple est maître, on n'agit qu'en tumulte :
> La voix de la raison jamais ne se consulte. (C., *Cinna*, II, 1)

Cette diversité d'opinion dans les maximes au théâtre n'a rien d'étonnant : même si elles reflètent les idées de l'auteur – ce qui d'ailleurs n'est pas toujours le cas – elles doivent nécessairement être prononcées par les personnages et s'accorder, par conséquent, au caractère, aux possibilités intellectuelles et au niveau moral des individus qui sont censés les énoncer. Ceci n'empêche, pourtant, que les maximes peu édifiantes ne soient soulignées dans le texte par les mêmes moyens (décrits plus haut) que celles qui prétendent instruire, et qu'elles soient aussi belles. Le lecteur/spectateur les retient avec la même facilité et la perversité de certaines augmente même leur effet immédiat. Ainsi, ayant lu *Le Cid*, *Cinna*, *Pompée*, *Rodogune*, on s'apercevra que l'on se souvient autant des maximes des vilains que de celles des justes.

D'ailleurs si, comme le prétendent les théoriciens, ces textes sont destinés à transmettre un enseignement moral, le lecteur attentif de l'ensemble de ces œuvres devrait, en parcourant les centaines de maximes qui les émaillent, se faire une idée assez complète des valeurs que le siècle préconise. Or il n'en est rien. A la lecture, on se rend compte qu'il y a peu de constantes morales sacro-saintes. Celle qui s'exprime le plus souvent et le plus clairement aussi bien dans la tragédie que dans la comédie est la loi qui règle les relations entre parents et enfants : devoir d'obéissance des enfants (surtout des filles) et affection inconditionnelle des parents (surtout des pères) :

> Le devoir d'une fille est en l'obéissance. (C., *Horace*, I, 3)
> Le devoir d'une fille est dans l'obéissance. (C., *Le Menteur*, V, 7)

[...] il faut qu'une fille obéisse à son père. (M., *Le Tartuffe*, II, 3)
Un père a sur nos vœux une entière puissance.
Une mère a sa part à notre obéissance. (M., *Les Femmes savantes*, III, 6)
[...] un fils n'a rien qui ne soit à son père (R., *Athalie*, IV, 1)
[...] le fils dégénère
Qui survit un moment à l'honneur de son père. (C., *Le Cid*, II, 2)
A qui venge son père il n'est rien impossible. (C., *Le Cid*, II, 2)
Pour qui venge son père il n'est point de forfaits. (C., *Cinna*, I, 2)
Un père, en punissant [...] est toujours père. (R., *Phèdre*, III, 3)
Un père est toujours père [...] (C., *Polyeucte*, V, 3)
Quel père de son sang se plaît à se priver? (R., *Iphigénie*, III, 6)

Une autre idée bien enracinée est que l'on n'aime et l'on ne doit aimer (surtout les femmes, par bienséance, mais aussi les hommes) que si l'amour est partagé :

Si l'amour vit d'espoir, il périt avec lui. (C., *Le Cid*, I, 2)
[...] une princesse aimant sa renommée,
Quand elle dit qu'elle aime, est sûre d'être aimée. (C., *Pompée*, II, 1)

Cette croyance s'exprime aussi sans maxime :

PHILINTE À ALCESTE
Vous croyez être donc aimé d'elle? [Célimène]
ALCESTE
Oui, parbleu,
Je ne l'aimerais pas si je ne croyais l'être. (M., *Le Misanthrope*, I, 1)

Et, inversement :

[...] qui se croit aimé(e) aime bientôt après. (C., *Le Menteur*, IV, 9)

Dans la tragédie on affirme aussi, constamment, que le mépris pour sa propre vie, l'indifférence à la mort ou le désespoir total constituent la vraie et ultime libération de l'être humain :

Qui méprise sa vie est maître de la sienne. (C., *Cinna*, I, 2)
Quel désordre peut craindre un cœur désespéré? (C., *Polyeucte*, II, 1)
Quand on a tout perdu que saurait-on plus craindre? (C., *Horace*, IV, 4)
Qui ne craint point la mort ne craint point les menaces. (C., *Le Cid*, II, 1)
Qui ne craint point la mort ne craint point les tyrans. » (C., *Œdipe*, II, 1)
Qui souhaite la mort craint peu, quoi qu'il advienne [147].
(Rotrou, *Venceslas*, IV, 2)

---

147. Cité par J. Schérer, p. 332.

> Nous avons en nos mains la fin de nos douleurs,
> Et qui veut bien mourir peut braver les malheurs. (C., *Horace*, III, 5)
> La mort aux malheureux ne cause point d'effroi. (R., *Phèdre*, III, 3)

Il est particulièrement intéressant de constater que l'une des préoccupations majeures des œuvres dramatiques à l'époque de l'absolutisme est la relation entre le monarque et ses sujets, relation calquée, dans sa représentation, sur le rapport parents/enfants décrit plus haut. Le sujet est tenu d'obéir et de servir fidèlement son roi, comme le rappelle Don Arias dans *Le Cid* :

> Qui sert bien son roi ne fait que son devoir (II, 1)

et le vieil Horace, dans *Horace* :

> [...] on se défend mal contre l'avis d'un roi,
> Et le plus innocent devient soudain coupable,
> Quand aux yeux de son prince il paraît condamnable.
> C'est crime qu'envers lui se vouloir excuser :
> Notre sang est son bien, il en peut disposer. (V, 2)

La révolte de Don Gomès dans *Le Cid* :

> Pour grands que soient les rois, ils sont ce que nous sommes :
> Ils peuvent se tromper comme les autres hommes (I, 3)

est un cas tout à fait spécial et ce n'est pas un hasard si, par un effet de justice poétique, le comte paie sa désobéissance de sa vie.

De son côté, le roi a, lui aussi, des devoirs sacrés envers ses sujets, qui ne se font d'ailleurs pas faute de les lui rappeler à tout propos, dans les termes les plus énergiques :

> Quoi que doive un monarque, et dût-il sa couronne,
> Il doit à ses sujets encor plus qu'à personne. (C., *Pompée*, I, 1)
> Au sang de ses sujets un roi doit la justice. (C., *Le Cid*, II, 8)
> [...] la clémence est la plus belle marque
> Qui fasse à l'univers connaître un vrai monarque. (C., *Cinna*, IV, 3)

A part ces principes majeurs, quelques autres idées – ou plutôt quelques lieux communs – reviennent fréquemment dans les textes les plus divers : il n'y a pas de plus belle mort que de se sacrifier pour son pays ; l'amour est aveugle ; les amants doivent tout partager ; les amants sont unis à jamais...

En dehors de ces thèmes récurrents il est inutile d'essayer d'en dégager d'autres de manière systématique car, ainsi que le remarque très justement J. Schérer, « on y rencontre tout. Il n'est aucune idée (bonne, ou mauvaise, ajouterons-nous) qui ne puisse se trouver exprimée sous forme de sentence [148] ».

Si le but de l'emploi de la maxime dans le théâtre classique était réellement – ainsi que l'affirme la critique – d'instiller des valeurs positives dans le spectateur, on devrait, d'une part, pouvoir dégager sans difficulté les lignes générales de la morale préconisée; d'autre part, l'expression des vertus à cultiver devrait être privilégiée par rapport à celle des vices à fuir. Or, l'analyse qui précède montre clairement que tel n'est pas le cas; et le citant à la recherche d'arguments en faveur de n'importe quelle cause – morale ou immorale – trouvera toujours, dans cette mine de citations, la preuve qui sert son propos et – qui plus est – exprimée avec la même force et la même beauté que la sentence édifiante. Pas plus que la vérité, le caractère moral ne constitue un fondement valable pour le statut citationnel de la maxime.

La maxime et son potentiel citationnel

Le philosophe, disait Aristote, cherche la vérité et non le succès; il ne devrait donc choisir pour la citation que la maxime vraie. Mais, nous l'avons vu, un grand nombre de phrases sentencieuses sont invérifiables. De plus, comme il s'agit ici de catégories humaines et non scientifiques, ce qui paraît vrai à l'un ne convainc pas un autre. Il en va de même pour les valeurs morales : un homme religieux, un scientifique pratiquant, un scientifique athée, un politicien pragmatique, un militant pour les droits de l'homme, une féministe, sont des représentants d'idéologies, et par conséquent de morales différentes qui peuvent, certes, se recouper, mais ne coïncident pas. Ce n'est donc pas par ces caractéristiques généralement admises, mais vagues et mouvantes, que la maxime se recommande en premier lieu au citant. Le passage à citer se signale avant tout grâce à une aptitude d'attirer l'attention du lecteur/auditeur. Il ne s'agit pas nécessairement du coup de foudre dont parle A. Compagnon : il suffit que le fragment soit remarqué et que le citant potentiel s'attarde sur lui, qu'il *s'interroge* sur sa vérité, ou sur sa valeur morale.

La force avec laquelle la maxime attire le lecteur dépend de trois éléments principaux : sa position syntaxique, son style et son poids argumentatif.

---

148. *Ibid.*, p. 322.

La situation syntaxique

Cet élément concerne exclusivement la maxime enchâssée. A l'encontre de la formule indépendante, défavorisée certes par sa position dans une série d'énoncés du même genre et parfois traitant un même sujet, mais isolée et sans aucun rapport contextuel avec eux, la maxime enchâssée est soulignée ou, au contraire, occultée par sa situation syntaxique. Nous avons déjà vu que le moyen le plus efficace pour la mettre en valeur est de la donner sous forme de proposition simple coïncidant avec le vers, ou de proposition indépendante reliée au contexte par juxtaposition. J. Schérer considère que toute proposition qui se rattache à son contexte par une conjonction ou un adverbe perd le statut de « sentence ». Cependant, de manière tout à fait arbitraire, il accepte la coordination au moyen de *et* et de *mais*, sous prétexte que ces vocables « ne portent pas véritablement atteinte à l'isolement de la sentence et [...] que celle-ci, tout en conservant son individualité et sa valeur générale, est simplement rattachée par ces mots à la proposition précédente. C'est le sens, et non la forme qui doit guider l'examen (de la maxime) de ces différents point de vue », conclut-il [149]. En réalité, il est permis de penser que ces chevilles syntaxiques sont acceptées par la critique parce que – éléments de coordination fréquents et monosyllabiques – ils permettent la citation d'un vers complet (J. Schérer s'intéresse uniquement à la dramaturgie et, dans ce cadre, il ne parle que des pièces en vers); mais c'est confondre ainsi la prétendue « faiblesse sémantique » de la conjonction et la force réelle du mètre de l'alexandrin. Car, ce qui permet de citer des vers tels que :

Mais la raison n'est pas ce qui règle l'amour. (M., *Le Misanthrope*, I, 1)

ou

Et c'est n'estimer rien qu'estimer tout le monde. (M., *Le Misanthrope*, I, 1)

est le fait que la complétude du mètre rachète l'incomplétude sémantique due aux conjonctions. Mais pourquoi exclure, dès lors, d'autres éléments linguistiques monosyllabiques, tels que *car* ou *donc*? C'est là un parti pris sans fondement, comme le prouve clairement la fortune d'une des maximes les plus célèbres de Boileau :

Avant *donc* que d'écrire, apprenez à penser. (I, v.150)

De ce point de vue, il faut évidemment distinguer entre les conjonctions de coordination, qui peuvent presque toujours être gardées dans le cadre du vers :

---

149. *Ibid.*, p. 326.

> Car c'est double plaisir de tromper le trompeur.
> (LF., *Le Coq et le renard*, II, 15)

et celles de subordination, notamment *que*. Ainsi, le vers

> [Que] toujours par leurs sens les hommes sont dupés
> (LF., *Un Animal dans la lune*, VII, 18)

contient de toute évidence une maxime qui, de plus, est indiquée comme telle dans le contexte.

> Pendant qu'un philosophe assure
> Que *toujours par leurs sens les hommes sont dupés* [...]

Pourtant, l'insertion de la formule dans une phrase complexe entrave souvent sa découverte par le lecteur. Voici, en entier, l'introduction à la fable *Un Animal dans la lune*, où plusieurs maximes sont enchaînées dans un même raisonnement :

> Pendant qu'un philosophe assure
> Que *toujours par leurs sens les hommes sont dupés*,
> Un autre philosophe jure
> Qu'ils ne nous ont jamais trompés.
> Tous les deux ont raison; et la philosophie
> Dit vrai quand elle dit que *les sens tromperont*
> *Tant que sur leur rapport les hommes jugeront.*

Plusieurs facteurs contribuent à occulter la maxime enchâssée : sa trop grande concision (un seul hémistiche, ou moins), sa construction en position de proposition subordonnée, et – le cas échéant – les changements syntaxiques entraînés par l'enchâssement.

La maxime très courte risque de passer inaperçue même si elle est une proposition principale occupant une position privilégiée, en début de phrase :

> *La vie est peu de chose* et le peu qu'il t'en reste
> Ne vaut pas l'acheter par un prix si funeste. (C., *Cinna*, IV, 2)

A la fin du vers, elle attire encore moins l'attention :

> Si tel est le destin des grandeurs souveraines
> Que leurs plus grands bienfaits n'attirent que des haines [...]
> Pour elles rien n'est sûr; *qui peut tout doit tout craindre.*
> (C., *Cinna*, IV, 2)
> On dit qu'on a donné musique à quelque dame.
> Sur l'eau?
> Sur l'eau.
> *Souvent l'onde irrite la flamme.* (C., *Le Menteur*, I, 5)

La plupart des maximes enchâssées en position de propositions subordonnées sont des complétives introduites par la préposition *que*. Les fables de La Fontaine en offrent d'innombrables exemples :

> Hélas! on voit que *de tout temps*
> *Les petits ont pâti des sottises des grands.*
> (LF., *Les Deux Taureaux et une grenouille*, II, 4)
> Il [le Rat] était expérimenté
> Et savait que *la méfiance*
> *Est mère de la sûreté.* (LF., *Le Chat et le vieux rat*, III, 18)

Plus la principale régissant la complétive/maxime est complexe, et mieux celle-ci s'intègre, par le sens, à l'ensemble de la phrase :

> Je me sers de la vérité
> Pour montrer, par expérience,
> Qu'*un sou, quand il est assuré,*
> *Vaut mieux que cinq en espérance.* (LF., *Le Berger et la mer*, IV, 2)
> [...] le père fut sage
> De leur (à ses enfants) montrer, avant sa mort,
> Que *le travail est un trésor.* (LF., *Le Laboureur et ses enfants*, V, 5)

Parmi les complétives en fin de vers, les plus difficilement détectables sont celles qui – comme dans l'exemple suivant – sont coordonnées avec une autre complétive, qui n'est pas une maxime ; il existe, en effet, dans *Le Tartuffe*, une réplique que personne ne retient, bien qu'elle dise de manière poignante exactement la même chose que le très célèbre

> [...] pour être dévôt je n'en suis pas moins homme.

La voici :

> Je sais [...]
> Que vous m'excuserez sur l'humaine faiblesse
> Des violents transports d'un amour qui vous blesse,
> Et considérerez, en regardant votre air
> Que l'on n'est pas aveugle, et *qu'un homme est de chair* (III, 3)

Les circonstancielles sont plus rares dans notre corpus, formé en grande partie de textes en vers :

> Le sentiment commun est contre vos maximes,
> Puisqu'*ignorant et sot sont termes synonymes.*
> (M., *Les Femmes savantes*, IV, 3)
> Si *l'amour vit d'espoir et s'il meurt avec lui,*
> Rodrigue ne peut plus charmer votre courage. (C., *Le Cid*, V, 3)

Elles sont fréquentes, en revanche, intégrées au discours continu dans des textes en prose, à toutes les époques. Dans certains cas, la subordination peut aussi entraîner des altérations formelles à l'intérieur de la maxime. La concordance des temps, notamment, dicte souvent la substitution du présent de l'indicatif caractéristique de la formule par des temps du passé :

> J'ai cru jusques ici que *c'était l'ignorance*
> *Qui faisait les grands sots, et non pas la science,*
> (M., *Les Femmes savantes*, IV, 3)

Cette contrainte est encore plus fréquente dans la prose. Voici un exemple de Proust :

> [...] à cette époque je me figurais encore que *c'était au moyen de paroles qu'on apprend aux autres la vérité* [150].

Certaines principales exigent le subjonctif dans la subordonnée :

> Il semble que *le Ciel, sur tous, tant que nous sommes,*
> *Soit obligé d'avoir incessamment les yeux,*
> *Et que le plus petit de la race mortelle,*
> *A chaque pas qu'il fait, à chaque bagatelle,*
> *Doive intriguer l'Olympe et tous ses citoyens,*
> *Comme s'il s'agissait des Grecs et des Troyens.*
> (LF., *L'Homme et la puce*, VIII, 5)

La maxime/complétive antéposée à la principale se construit, elle aussi, au subjonctif :

> Tout homme ment, dit le Sage.
> [...]
> Mais que *tous, tant que nous sommes,*
> *Nous mentions, grand et petit,*
> *Si quelqu'un me l'avait dit,*
> Je soutiendrais le contraire. (LF., *Le Dépositaire infidèle*, IX, 1)

Une autre conséquence possible de l'enchâssement par subordination est la nécessité de pronominaliser des noms à l'intérieur de la maxime, brisant ainsi le caractère anaphorique de l'énoncé ; c'est le cas de l'introduction à la fable *Un Animal dans la lune* citée plus haut, et qui contient en réalité deux maximes :

> [...] *toujours par leurs sens les hommes sont dupés*

---

150. On remarquera que Proust essaie de préserver l'omnitemporalité de la maxime en laissant le verbe au présent de l'indicatif ; il ne sacrifie donc aux exigences de l'enchâssement que le temps de la corrélation de mise en vedette *c'est... que.*

et

> [...] *ils* [les sens] *ne nous ont jamais trompés*

La deuxième, toutefois, ne recouvre son statut gnomique que si l'on se résout à restituer à la proposition son sujet nominal.

Les corollaires de la subordination sont cependant encore plus nombreux et souvent plus imprévisibles que ceux que nous avons énumérés jusqu'ici. Deux phrases tirées de *La Recherche du temps perdu* illustreront ce phénomène ; dans les deux exemples, des maximes comprimées en compléments circonstanciels s'en trouvent déformées au point de devenir méconnaissables en tant que maximes :

> *Notre imagination étant comme un orgue de Barbarie détraqué qui joue toujours autre chose que l'air indiqué*, chaque fois que j'avais entendu parler de la princesse de Guermantes-Bavière, le souvenir de certaines œuvres du XVIᵉ siècle avait commencé à chanter en moi. (II, p. 42)

> La résurrection au réveil – *après ce bienfaisant accès d'aliénation mentale qu'est le sommeil* – doit ressembler au fond à ce qui se passe quand on retrouve un nom, un vers, un refrain oublié. (II, p. 88)

Une maxime se cache dans la première de ces phrases sous forme de complément circonstanciel de cause ; il suffira de mettre le verbe *être* à l'indicatif présent (comme il le serait, de toute manière, si la séquence causale était construite propositionnellement et introduite par *puisque* ou *étant donné que*) pour rendre à l'énoncé son caractère gnomique. Le deuxième exemple demande une intervention plus énergique de la part du lecteur/citant qui, afin de rétablir la maxime sous-jacente, devrait non seulement éliminer la préposition *après*, mais reconstruire la séquence sous forme de proposition simple :

> Le sommeil est un bienfaisant accès d'aliénation mentale.

On découvre ainsi, profondément enfouie dans le contexte, une maxime particulièrement révélatrice pour le lecteur ou le critique qui s'intéresse au thème du sommeil et du rêve chez Proust.

Des mots intercalés (apostrophes et autres) ou des propositions incises occultent aussi la maxime, moins par la rupture qu'ils causent, que par le caractère conversationnel qu'ils impriment à la phrase et qui diminue dans une certaine mesure son autorité :

> Sans la langue, [en un mot], l'auteur le plus divin
> Est toujours, quoi qu'il fasse, un méchant écrivain. (B., I, v.161-2)
> Un père, en punissant, [Madame], est toujours père. (R., *Phèdre*, III, 3)

Un cœur, [vous le savez], à deux ne saurait être.
(M., *Les Femmes savantes*, V, 1)
Il n'est, [je le vois bien], si poltron sur la terre
Qui ne puisse trouver un plus poltron que lui.
(LF., *Le Lièvre et les grenouilles*, II, 14)

Dans certains cas la maxime se fond si complètement dans le contexte, qu'elle demande un oeil exercé pour la détecter. Voici, par exemple, une structure tout à fait exceptionnelle, où les deux vers composant la maxime (en italiques) sont séparés par une proposition concernant les sentiments du personnage qui l'énonce, sentiments dont la maxime est l'explication :

On ne doit point avoir des amants par quartier;
[Alidor a mon cœur et l'aura tout entier]
En aimer deux, c'est être à tous deux infidèle[151].
(C., *La Place Royale*, I, 1)

Il apparaît clairement, de ce qui précède, que l'isolement de la maxime enchâssée demande souvent une intervention de la part du lecteur : si la conjonction de coordination peut généralement être gardée – surtout, nous l'avons vu, dans la formule versifiée, où elle sert à préserver le mètre – les chevilles linguistiques de la subordination doivent nécessairement en être supprimées ; les éléments intercalés dans l'énoncé et qui le relient à son contexte doivent eux aussi en être extraits. L'isolement de la maxime dans son texte d'origine ne devient donc possible, d'une part, que grâce à une lecture très attentive et à une certaine pratique du discours d'autorité, et d'autre part par certaines opérations techniques qui, pour rester dans le champ métaphorique de la chirurgie, nécessitent souvent le scalpel et le bistouri.

Le style de la maxime

Au moment de la production, le travail de la maxime s'inscrit dans l'effort général caractérisant la création de l'ensemble de l'œuvre. Mais pour le citant (qui en est le récepteur), la valeur stylistique de la formule représente incontestablement l'un des facteurs les plus importants le guidant dans le choix du passage à citer : c'est généralement l'expression heureuse – poétique, originale, curieuse, frappante – qui provoque le coup de foudre dont on parlait plus haut.

---

151. Ce type d'enchâssement – le plus parfait possible – est rare au XVIIe siècle, mais se rencontre fréquemment à d'autres époques. On peut le relever chez Montaigne ; mais l'exemple le plus éclatant et le plus illustre du jeu entre le continu et le discontinu est donné, bien entendu, au XXe siècle par Proust et sa pratique de la maxime dans *A la Recherche du temps perdu*.

« La façon de donner vaut mieux que ce qu'on donne » affirme Corneille dans *Le Menteur* (I, 1), et cette maxime peut être transposée dans le domaine du style : la façon de dire vaut souvent mieux que ce que l'on dit.

Le niveau de langue, par exemple, est un facteur particulièrement pertinent. Certains auteurs incluent même le « style noble », comme trait définitoire, dans la définition de la maxime. La « littérarité [152] » de la formule joue en effet un rôle important dans un certain type de citation, notamment celle dont le but est l'étalage d'érudition ou l'invocation d'une autorité insigne ; mais cette qualité littéraire n'est pas recherchée ni nécessaire si le but du citant est de divertir son public, de briser un discours trop aride ou de relâcher la tension d'un raisonnement. Dans ces conditions une maxime absurde :

> Les livres cadrent mal avec le mariage (M., *Les Femmes savantes*, V, 3)

ou franchement comique :

> On peut être honnête homme et faire mal des vers
> (M., *Le Misanthrope*, IV, 1)

ou encore une remarque méchante :

> Un sot trouve toujours un plus sot qui l'admire (B., I, v.232)
> Un sot savant est sot plus qu'un sot ignorant
> (M., *Les Femmes savantes*, IV, 3)

ou désabusée :

> [...] sans argent l'honneur n'est qu'une maladie. (R., *Les Plaideurs*, I, 1)

sera plus appropriée qu'une pensée philosophique. Le style populaire, ou familier, ou même une parodie de maxime, a souvent plus de chances de se faire remarquer que la sentence la plus profonde. Voici comment, dans *L'Ecole des femmes*, Alain, le domestique, explique à sa femme Georgette les idées de son maître Arnolphe sur le mariage et la jalousie :

> La femme est [en effet] le potage de l'homme,
> Et quand un homme voit d'autres hommes parfois
> Qui veulent dans sa soupe aller tremper leurs doigts,
> Il en montre aussitôt une colère extrême. (II, 3)

---

152. Ce terme, que nous empruntons à M. Riffaterre, *La Production du texte*, pp.7-8, a été forgé et défini par les formalistes russes.

« Le texte est toujours unique en son genre. Et cette unicité est, me semble-t-il, la définition la plus simple que nous puissions donner de la littérarité », écrit Riffaterre, p. 8.

C'est cette aspiration vers l'unicité, réalisée par une volonté avouée de « faire de la littérature », qui confère à l'énoncé bref, dans la plupart des cas, son statut de citation potentielle.

Il est difficile d'imaginer quelqu'un connaissant la pièce qui n'ait pas retenu du moins le premier de ces quatre vers, une maxime caricaturale qui, d'ailleurs, présente strictement le même modèle que cette phrase poétique chantée de nos jours par Léo Ferré :

> La femme est l'avenir de l'homme.

On a déjà énuméré un certain nombre de procédés stylistiques caractérisant la maxime, notamment ceux qu'elle partage avec le proverbe ; un inventaire de ces méthodes serait une entreprise difficile, non seulement parce qu'elles sont nombreuses et variées, mais surtout parce qu'elles peuvent se disposer en un nombre infini de variantes combinatoires. Nous allons tenter, dans ce qui suit, non pas de proposer une analyse exhaustive de ces moyens – ce qui serait d'ailleurs irréalisable – mais de donner, simplement, une idée de la manière dont ils fonctionnent.

Il a déjà été remarqué que la maxime, comme le proverbe, présente souvent une structure binaire, qui, dans la formule versifiée s'appuie sur les deux hémistiches de l'alexandrin :

> Qui ne sait se borner/ne sut jamais écrire. (B., I, v.63)

ou, plus rarement, sur deux vers consécutifs :

> Tout ce qu'on dit de trop est fade et rebutant :/
> L'esprit rassasié le rejette à l'instant. (B., I, v.61-2)

L'observation est juste et elle se vérifiera dans bien des exemples ci-dessous ; elle s'applique, sans exception, à toutes les maximes commençant par une relative sans antécédent, notamment en *qui*, maximes qui, justement, imitent la structure du proverbe :

> Qui vit sans folie / n'est pas si sage qu'il croit. (LR., 209)
> Qui maudit son pays / renonce à sa famille. (C., *Horace*, IV, 6)
> Qui fait croire ses feux / fait croire son mérite. (C., *Le Menteur*, IV, 9)

Il s'agit, dans tous ces exemples, de deux propositions dont la première constitue le sujet de la deuxième. La première proposition peut aussi, avec le même effet prosodique, assumer le rôle de complément d'objet direct de la deuxième :

> Tout ce que l'un a fait, l'autre peut le défaire. (C., *Le Menteur*, V, 3)

Ces occurrences sont innombrables et elles apparaîtront dans ce qui suit combinées avec d'autres traits stylistiques, eux aussi très fréquents. Du point de vue lexical, par exemple, une partie de ces formules fondent leur effet sur des termes antonymes ou contrastés :

> Nos *vertus* ne sont le plus souvent que des *vices* déguisés (LR., exergue)
> Le temps, qui *fortifie* les amitiés, *affaiblit* l'amour. (LB., IV, 4)
> La *vérité* ne fait pas tant de *bien* dans le monde/que ses *apparences* y
> font du *mal*. (LR., 64)

Dans ce dernier exemple on peut constater la conjugaison de plusieurs moyens, et exploités plusieurs fois : deux oppositions antonymiques – *vérité/apparences, bien/mal* – structure binaire et répétition du verbe *faire* dans chacun des deux volets. Cette combinaison d'éléments n'est pas unique :

> Il n'y a point de déguisement qui puisse longtemps *cacher* l'amour *où il est* / ni le *feindre où il n'est pas*. (LR., 70)

Ici ce sont d'abord deux compléments qui sont mis en contraste – *cacher* et *feindre* l'amour, puis les deux subordonnées : *où il est* / *où il n'est pas.*

> Les vieillards aiment à donner de bons préceptes, pour se consoler de ne plus être en état de donner de mauvais exemples. (LR., 93).

Précepte s'oppose ici à *exemple* afin de mettre en contraste le virtuel et l'actuel; *bon* s'oppose à *mauvais* et le verbe *donner* se répète dans les deux parties de la construction.
Le contraste n'est d'ailleurs pas nécessairement antonymique :

> L'amour n'est qu'un *plaisir*, l'honneur est un *devoir*. (C., *Le Cid.*, III, 6)
> Nos *plaisirs* les plus doux ne vont point sans *tristesse*. (C., *Horace*, V, 1)
> Qui *marche* assurément n'a point peur de *tomber*. (C., *Polyeucte*, II, 6)
> Nous *promettons* selon nos *espérances*, et nous *tenons* selon nos *craintes*. (LR., 38)
> L'intérêt, qui *aveugle les uns, fait la lumière des autres*. (LR., 40)

Parfois la maxime se déploie tout entière entre deux pôles antonymiques :

> *Un homme d'esprit* serait souvent bien embarrassé sans la compagnie des *sots*. (LR., 140)
> Il y a certains *défauts* qui, bien mis en œuvre, brillent plus que la *vertu* même. (LR., 354)
> *Les femmes* sont extrêmes; elles sont meilleures ou pires que *les hommes*. (LB., III, 53)
> *Les jeunes gens*, à cause des passions qui les amusent, s'accommodent mieux de la solitude que *les vieillards*. (LB., XI, 119)

Ces contrastes lexicaux servent parfois, dans la maxime à structure binaire, à opposer deux propositions à signification inverse au point de friser, dans certains cas, le paradoxe :

> Plus on aime une maîtresse, et plus on est prêt de la haïr. (LR., 111)
> On fait souvent du bien pour pouvoir impunément faire du mal.
> (LR., 121)
> La magnanimité méprise tout, pour avoir tout. (LR., 248)
> Il y a un pays où les joies sont visibles, mais fausses, et les chagrins
> cachés, mais réels. (LB., VIII, 63)

Des effets particulièrement puissants peuvent être atteints par un maniement habile des verbes : répétition d'un même verbe et opposition
actif/passif.

> L'intention de ne jamais *tromper* nous expose à *être* souvent *trompés*.
> (LR., 118)
> Il est plus difficile de s'empêcher *d'être gouverné* que de *gouverner*
> les autres. (LR., 151)
> L'honneur *acquis* est caution de celui qu'on doit *acquérir*. (LR., 270)

Plus rarement, la structure de la maxime est tripartite ; elle consiste alors
en trois propositions reliées entre elles par une diversité de rapports
logiques :

> Il faut peu de choses pour rendre le sage heureux ;/ rien ne peut rendre
> un fol content ;/ c'est pourquoi presque tous les hommes sont misé-
> rables. (LR., 538)
> L'esprit s'attache par paresse et par constance à ce qui lui est facile ou
> agréable :/ cette habitude met toujours des bornes à nos connais-
> sances/et jamais personne ne s'est donné la peine d'étendre et de
> conduire son esprit aussi loin qu'il pourrait aller. (LR., 482)
> L'avarice produit souvent des effets contraires :/ il y a un nombre infi-
> ni de gens qui sacrifient tout leur bien à des espérances douteuses et
> éloignées ;/ d'autres méprisent de grands avantages à venir pour de
> petits intérêts présents. (LR., 492)
> La raillerie est une gaité agréable de l'esprit,/ qui enjoue la conversa-
> tion, et qui lie la société, si elle est obligeante,/ ou qui la trouble si elle
> ne l'est pas [153]. (LR., H 152)

Dans la structure tripartite la première proposition résume souvent une idée
que la deuxième et la troisième illustrent ou expliquent, parfois de manière
antithétique. Ce modèle connaît des variations nombreuses et à l'occasion
très complexes. Voici, par exemple, une maxime constituée de deux phrases
juxtaposées, où la deuxième amplifie le groupe de *trois* déjà contenu dans
la première, qui annonce, par le chiffre trois, la structure du tout :

---

153. Maxime figurant avec ce numéro dans l'édition de Hollande (H) et que La Rochefoucauld a
supprimée dans l'édition finale.

> Il n'y a pour l'homme que *trois* événements : *naître, vivre et mourir*;
> il ne se sent pas *naître*, il souffre à *mourir* et il oublie de *vivre*.
> (LB., XI, 48)

Il est étonnant de voir la richesse des moyens mis en œuvre dans un énoncé si bref : la répétition des trois verbes, le changement dans leur ordre (*naître, vivre, mourir*, puis *naître, mourir, vivre*), la répétition martelante du pronom *il* qui reprend *l'homme*. A elle seule, cette maxime peut donner une idée de la complexité des combinaisons possibles entre les procédés que nous sommes en train de décrire.

L'une des caractéristiques les plus fréquentes de la maxime – binaire ou non – est la répétition lexicale [154]. Ce procédé stylistique, fréquent dans la poésie et dans la prose poétique, est, comme on sait, soigneusement évité dans la prose. Or, la maxime en prose pratique la répétition autant que celle en vers. Certes, les différents auteurs manifestent un goût plus ou moins prononcé pour ce moyen stylistique : La Rochefoucauld l'emploie beaucoup, comme on peut déjà le constater dans ce qui précède ; La Bruyère et Pascal y ont plus rarement recours, mais s'en servent aussi avec bonheur :

> Le *devoir* des juges est de rendre la justice ; leur *métier*, de la différer :
> quelques-uns savent leur *devoir* et font leur *métier*. (LB., XIV, 43)

La répétition est parfois poussée jusqu'au vertige :

> Les hommes sont si nécessairement *fous*, que ce serait être *fou* par un
> autre tour de *folie* de n'être pas *fou* [155]. (P., VI, 414)

Les maximes en vers partagent avec les autres alexandrins classiques la passion de la répétition. On peut y distinguer deux types de répétition : la reprise d'un même terme ou répétition simple, et l'écho, ou l'emploi de deux vocables appartenant à une même famille lexicale.

La répétition simple offre des exemples innombrables :

> La *durée* de nos passions ne dépend pas plus de nous que la *durée* de
> notre vie. (LR., 5)
> L'ambition déplaît quand elle est assouvie,
> D'une contraire *ardeur* son *ardeur* est suivie. (C., *Cinna*, II, 1)
> Un *sot* trouve toujours un plus *sot* qui l'admire. (B., I, v.232)
> Un *sot* savant est sot plus qu'un *sot* ignorant.
> (M., *Les Femmes savantes*, IV, 3)

---

154. Pour les différents types de répétition, leur fonctionnement linguistique et leurs divers effets stylistiques, voir G. Molinié, *Eléments de stylistique française*, pp. 96-100.

155. Cet exemple est tiré du texte de l'édition de Brunschvicg, Paris, Garnier, 1964.

Quelques *crimes* toujours précèdent les grands *crimes*.
(R., *Phèdre*, IV, 2)
La *foi* qui n'agit point, est-ce une *foi* sincère ? (R., *Athalie*, I, 1)
Qui *fait croire* ses feux *fait croire* son mérite. (C., *Le Menteur*, IV, 9)
La philosophie *triomphe* aisément des *maux* passés et des *maux* à
venir, mais les *maux* présents *triomphent* d'elle. (LR., 22)
Il n'est pas si aisé de se faire un *nom* par un ouvrage parfait que d'en
faire valoir un médiocre par le *nom* qu'on s'est déjà acquis. (LB., I, 4)

La répétition peut se combiner et se combine d'ailleurs très souvent avec
d'autres moyens : voici un exemple qui conjugue répétition et opposition
polaire :

Les *vieux fous* sont plus *fous* que les *jeunes*. (LR., 444)

Les répétitions en écho sont, elles aussi, très nombreuses :

Plus *l'offenseur* est cher et plus grande est *l'offense*. (C., *Le Cid*, I, 5)
C'est bien aimer *la fourbe*, et l'avoir bien en main
Que de prendre plaisir à *fourber* sans dessein. (C., *Le Menteur*, III, 4)
Mourir pour le pays est un si digne sort
Qu'on briguerait en foule une si belle *mort*. (C., *Horace*, II, 3)
On n'est point *criminel* quand on punit un *crime*. (C., *Cinna*, III, 1)
On *parle* peu quand la vanité ne fait pas *parler*. (LR., 137)
Tous ceux qui s'acquittent du devoir de la *reconnaissance* ne peuvent
pas pour cela se flatter d'être *reconnaissants*. (LR., 137)
[...] avec justice on peut *trahir* un *traître*
Qui pour une maîtresse ose *trahir* son maître. (C., *Cinna*, III, 1)
[...] *la fuite* est permise à qui *fuit* les tyrans. (R., *Phèdre*, V, 1)

A part ces procédés stylistiques systématiques, il est difficile de cataloguer, dans ces œuvres, des moyens stylistiques caractéristiques : disons
seulement qu'on y emploie toutes les méthodes qui favorisent la concision
et permettent le raccourci, et que ces méthodes sont généralement indivi-
duelles et souvent imprévisibles, d'où leur extrême originalité. Le choix
des mots, notamment, vise une précision et une force significative qui,
dans notre corpus, est due autant aux exigences du genre qu'à l'esthétique
classique. Il y a rarement plus d'un adjectif attaché à un nom, mais il peut
apparaître deux fois, avec des noms différents, dans la même phrase (répétition simple). Chaque fonction syntaxique nominale comporte généralement un seul élément et ne se laisse modifier que par un modifieur unique.
Quand, cependant, les segments ayant un même statut syntaxique se multi-
plient (tendance qui caractérise, par exemple, La Bruyère) ils forment parfois un crescendo qui contribue à accroître la force de la formule :

> *On convie, on invite, on offre sa maison, sa table, son bien*, et *ses services*; rien ne coûte qu'à tenir parole. (LB., IV, 52)

On remarquera ici deux séries d'éléments en crescendo : trois propositions juxtaposées exprimant la même idée en l'amplifiant, puis, dans la dernière de ces propositions, trois compléments d'objet direct construits selon le même principe. Une cascade de compléments renchérissent les uns sur les autres aussi dans l'exemple suivant :

> Un homme fort riche peut manger des entremets, faire peindre ses lambris et ses alcôves, jouir d'un palais à la campagne et d'un autre à la ville, avoir un grand équipage, mettre un duc dans sa famille et faire de son fils un grand seigneur : cela est juste et de son ressort; mais il appartient peut-être à d'autres de vivre contents. (LB., VI, 1)

Le crescendo est souvent réalisé dans une structure binaire (surtout versifiée) au moyen de la corrélation *plus... (et) plus* :

> Plus l'offenseur est cher, et plus grande est l'offense. (C., *Le Cid.*, I, 5)
> Plus le péril est grand, plus doux en est le fruit. (C., *Cinna.*, I, 2)
> [...] plus le bien qu'on quitte est noble, grand, exquis,
> Plus qui l'ose quitter le juge mal acquis. (C., *Cinna*, II, 1)
> [...] plus l'effort est grand, plus la gloire en est grande.

Et voici un exemple en prose :

> Une preuve convaincante que l'homme n'a pas été créé comme il est, c'est que, plus il devient raisonnable, et plus il rougit en lui-même de l'extravagance, de la bassesse et de la corruption de ses sentiments et de ses inclinations. (LR., 523)

Les figures de style n'abondent pas dans les maximes du XVIIe siècle, où le genre est davantage intellectuel que poétique. Ainsi, la comparaison, là où elle apparaît, vise, comme nous allons le voir plus loin, à créer une figure logique et non une image. Nous avons déjà cité des maximes métaphores; il y en a quelques-unes chez La Rochefoucauld et de très belles chez Pascal (« L'homme n'est qu'un roseau... »); on en trouve aussi dans les œuvres en vers, mais elles sont rares :

> La rime est une esclave et ne doit qu'obéir. (B., I, v.30)

La personnification, fréquente surtout dans le recueil de La Rochefoucauld et dans les fables, est, comme la synecdoque, un procédé majeur pour condenser l'expression. Le chiasme, réputé fréquent dans toutes les formes gnomiques, est employé sans excès dans ces œuvres; La Rochefoucauld le pratique, certes, mais sur une échelle plus réduite que d'autres moyens stylistiques et il s'en sert le plus souvent afin de mettre en valeur un contraste lexical ou une opposition antonymique :

> Il ne sert rien d'être jeune sans être belle, ni d'être belle sans être jeune. (LR., 497)
> La fin du bien est un mal, et la fin du mal est un bien. (LR., 519)
> On passe souvent de l'amour à l'ambition, mais on ne revient guère de l'ambition à l'amour. (LR., 490)
> L'espérance et la crainte sont inséparables, et il n'y a point de crainte sans espérance, ni d'espérance sans crainte. (LR., 515)
> Un homme à qui personne ne plaît est bien plus malheureux que celui qui ne plaît à personne. » (LR., 561)
> Les passions en engendrent souvent qui leur sont contraires : l'avarice produit quelquefois la prodigalité et la prodigalité l'avarice [...] (LR., 11)

La maxime peut donc présenter les formes syntaxiques les plus diverses, des figures de style, des combinaisons originales des techniques que nous avons décrites et d'autres aussi, que nous n'avons pas relevées ; mais il faut mentionner, pour finir, une stratégie supplémentaire, en apparence si naturelle qu'on n'en parle jamais : la simplicité stylistique ; elle s'obtient au moyen d'une proposition indépendante d'une grande concision :

> La raison, pour marcher, n'a souvent qu'une voie. (B., I, v.48)
> En toute chose il faut considérer la fin.
> (LF., *Le Renard et le bouc*, III, 5)
> Plus fait douceur que violence. (LF., *Phébus et Borée*, VI, 3)
> La faiblesse aux humains n'est que trop naturelle. (R., *Phèdre*, IV, 6)
> [...] l'innocence [...] n'a rien à redouter. (R., Phèdre, IV, 6)
> Le bonheur des méchants comme un torrent s'écoule. (R., *Athalie*, II, 7)
> L'esprit est toujours la dupe du cœur. (LR., 102)
> L'amour propre est le plus grand de tous les flatteurs. (LR., 2)
> Peu de gens savent être vieux. » (LR., 423)
> Nous connaissons la vérité non seulement par la raison, mais encore par le cœur. (P., VI, 110)

Cette simplicité représente l'idéal esthétique de Pascal, qui la préfère à l'expression la plus raffinée, à la structure la plus recherchée, et s'émerveille quand il la rencontre :

> Quand on voit le style naturel on est tout étonné et ravi, car on s'attendait de voir un auteur et on trouve un homme.
> (P., *Les Applications*, 675)

CHAPITRE VI

MAXIME ET ARGUMENTATION

Il importe que la maxime, autant que par le style, se distingue par l'originalité de l'idée qu'elle exprime, la meilleure formule étant, bien évidemment, celle qui excelle dans les deux domaines. Avec la force expressive, ce qui retient le mieux le lecteur/auditeur, c'est la qualité intellectuelle de l'énoncé : sa hardiesse, son mépris de l'opinion commune et de l'idée reçue, sa capacité de jeter, ou de faire croire au moins que l'on jette, à travers lui, une lumière nouvelle sur de vieux sujets. La meilleure maxime, celle qu'on n'oublie pas, celle qu'on cherche à retenir, celle qu'on cite, nous impose une idée qui s'appuie sur notre savoir, mais le sape et le subvertit; elle porte en elle-même sa propre argumentation qui, quelle que soit sa complexité, ne dispose jamais que d'une proposition, d'une phrase, ou tout au plus d'un paragraphe pour persuader.

Il apparaît vite que la meilleure stratégie, et la plus répandue, de l'argumentation à l'intérieur de la maxime consiste à bâtir ou à feindre des raisonnements logiques; la méthode la plus courante, en effet, est l'établissement de rapports inattendus, mais logiquement défendables, entre des notions diverses, apparentées ou éloignées, selon le cas.

Le rapport de *cause* à *effet* est très fréquent; certaines structures s'y prêtent tout particulièrement. Ainsi, une partie considérable des phrases qui commencent par une relative sans antécédent introduite par *qui* ou *quiconque* établissent entre la subordonnée et la principale une relation d'équivalence :

> Qui maudit son pays renonce à sa famille. (C., *Horace*, IV, 6)

ou de causalité :

> [...] qui voit le trépas cesse de le vouloir. (C., *Polyeucte*, III, 3)
> Ce qui se conçoit bien s'énonce clairement. (B., I, v.153)
> Qui punit le vaincu ne craint point le vainqueur. (C., *Pompée*, I, 1)

Les exemples, nous l'avons vu, sont nombreux. Mais il ne s'ensuit pas nécessairement que toutes les phrases de ce type expriment la causalité, loin de là ; certaines sont simplement descriptives :

> Qui vit sans folie n'est pas si sage qu'il croit. (LR., 209)

Certaines autres sont des propositions conditionnelles déguisées :

> Qui ne sait se borner ne sut jamais écrire. (B., I, v .63)
> [= Si l'on ne sait se borner, l'on ne saura jamais écrire]
> Qui vit haï de tous ne saurait longtemps vivre. (C., *Cinna*, I, 2)
> [= Si l'on vit haï de tous on ne vivra pas longtemps]

D'autres encore expliquent la relative-sujet au moyen de la principale :

> Qui s'expose au péril veut bien trouver sa perte. (C., *Polyeucte*, II, 4)
> [Si l'on s'expose au péril, cela signifie qu'on est prêt à mourir].
> Qui fuit croit lâchement et n'a qu'une foi morte. (C., *Polyeucte*, II, 6)
> [= En fuyant (le martyre) on fait preuve de peu de foi.]
> Qui n'appréhende rien présume trop de soi. (C., *Polyeucte*, II, 6)
> [=Ne rien craindre c'est se surestimer].

La mise en opposition est une autre source majeure de maximes ; elle se manifeste, dans les structures binaires, par un contraste entre deux propositions :

> Tel excelle à rimer, qui juge sottement. (B., IV, v.82)
> Force gens veulent être dévots, mais personne ne veut être humble.
> (LR., 534)
> Il est aussi ordinaire de voir changer les goûts, qu'il est extraordinaire de voir changer les inclinations. (LR., 252)

L'opposition culmine souvent en *antithèse* ; la structure de la maxime, le choix des mots, la prosodie, tout concourt alors à souligner les contrastes :

> La jalousie *naît* souvent avec l'amour, mais elle ne *meurt* pas toujours avec lui. (LR., 361)
> Ce qui *naît* d'un moyen *périt* par son contraire ;
> Tout ce que *l'un a fait l'autre* peut le *défaire*. (C., *Le Menteur*, V, 3)

Dans un grand nombre de maximes, l'opposition et/ou l'antithèse se situe au niveau des compléments :

> La pompe des enterrements regarde plus *la vanité des vivants* que *l'honneur des morts*. (LR., 612)
> L'esprit de la plupart des femmes sert plus à fortifier *leur folie* que *leur raison*. (LR, 340)

Les occasions nous font connaître aux *autres*, et encore plus à *nous-mêmes*. (LR., 345)
En vieillissant, on devient *plus fou* et *plus sage*. (LR., 210)
Il y a des héros *en mal* comme *en bien*. (LR., 185)

On jugera de l'ampleur de l'emploi de l'antithèse dans ces œuvres par la remarque que Pascal fait à ce sujet :

Ceux qui font les antithèses en forçant les mots sont comme ceux qui font de fausses fenêtres pour la symétrie.
Leur règle n'est pas de parler juste mais de faire des figures justes.
(*Les Applications*, 559)

La Rochefoucauld, qui se plaît à expérimenter les rapprochements inattendus, pratique l'opposition sous toutes ses formes. Ainsi, il est possible de relever dans ses maximes un nombre important de phrases où des éléments qui ne s'opposent pas *a priori* l'un à l'autre sont mis en relation adversative au moyen de *mais* :

Assez de gens méprisent le bien (la richesse), mais peu savent le donner. (LR., 301)
Il est difficile d'aimer ceux que nous n'estimons point; mais il ne l'est pas moins d'aimer ceux que nous estimons beaucoup plus que nous.
(LR., 296)
Les passions les plus violentes nous laissent quelquefois du relâche, mais la vanité nous agite toujours. (LR., 443)
Les biens et les maux qui nous arrivent ne nous touchent pas selon leur grandeur, mais selon notre sensibilité. (LR., 528)
Nous ne regrettons pas toujours la perte de nos amis par la considération de leur mérite, mais par celle de nos besoins et de la bonne opinion qu'ils avaient de nous. (LR., 619)

Un cas particulièrement intéressant d'opposition est le *distinguo*. Se fondant sur l'étymologie, Littré le définit comme un « terme d'argumentation scolastique signifiant « je distingue » et qu'on emploie pour indiquer que, dans une proposition, l'on accorde une partie (*concedo*) et nie l'autre (*nego*) ». Selon le *Petit Robert*, le *distinguo* est, plus simplement, « l'action d'énoncer une distinction dans une argumentation ». Le principe de la maxime à *distinguo* est, ainsi que le remarque P. Lerat [156], d'introduire dans un mécanisme binaire un élément donné toujours en deuxième position et constituant le temps fort d'un rapport où le premier élément est le temps faible. Ce genre d'argumentation présente, de plus,

---

156. P. Lerat, « Le Distinguo dans les *Maximes* de La Rochefoucauld », in *Les Formes brèves de la prose et le discours discontinu*, pp. 91-4.

la caractéristique de mimer le dialogue, en feignant de donner la parole au lecteur de la maxime et de lui attribuer l'énonciation du premier élément du distinguo [157] :

> Un honnête homme peut être amoureux comme un fou, mais non pas comme un sot. (LR., 353)

La première partie de la proposition est attribuée (et concédée) au lecteur imaginaire; la seconde prétend apporter plus de précision. L'ordre des deux segments décide de l'orientation argumentative de la phrase [158]. A propos de la maxime :

> Il y a de bons mariages, mais il n'y en a point de délicieux (LR., 113)

P. Lerat remarque, à juste titre, qu'elle tient le langage de Célimène, mais qu'il suffirait d'y inverser l'ordre des deux composantes pour obtenir une opinion de Philinte [159]. Le *distinguo* est fréquent dans les *Maximes* de La Rochefoucauld; l'on remarquera que pour toutes les phrases ci-dessous il serait possible d'imaginer une introduction par « il est vrai que... », « on dit bien que... », « je sais bien que... », « vous dites que... » « vous avez beau prétendre que... », qui expliciterait la structure polémique sous-jacente à la phrase :

> On peut trouver des femmes qui n'ont jamais eu de galanterie, mais il est rare d'en trouver qui n'en aient jamais eu qu'une. (LR., 73)
> Il y a des gens de qui l'on peut ne jamais croire du mal sans l'avoir vu; mais il n'y en a point en qui il nous doive surprendre en le voyant. (LR., 197)
> On peut être plus fin qu'un autre, mais non pas plus fin que tous les autres. (LR., 394)

---

157. Toutes les structures argumentatives qui s'opposent à la doxa (cf. pp. 153 et *sqq.*) peuvent se définir en pragmatique linguistique comme des cas de polyphonie : voix de la doxa vs. voix du locuteur (en l'occurrence l'auteur de la maxime). Un simulacre de dialogue s'installe entre ces deux voix, dont la deuxième prétend corriger la première. Certains types de maximes qui nous occupent ici ont déjà été étudiés dans cette optique : Grésillon et Maingueneau (« Polyphonie, proverbe et détournement ») s'intéressent à la forme parémique; Tutescu (« Paradoxe, univers de croyance et pertinence argumentative » ; v. aussi la note 172 ci-dessous) examine le rôle de la polyphonie dans le paradoxe; Ducrot, initiateur, avec J.-Cl. Anscombre (*L'Argumentation dans la langue*), de la théorie pragmatique de la polyphonie, analyse (*Le Dire et le dit*, pp. 229-232) un type de phrase proche du distinguo :

certes *p* mais *q* et peut-être *p* mais *q*

Ducrot voit en *p* un «acte de concession», «une certaine forme d'accord» avec un premier énonciateur, permettant à un deuxième énonciateur d'argumenter plus facilement, en *q*, dans le sens opposé.

158. Sur l'orientation argumentative des deux segments reliés par *mais* et sur le mécanisme pragmatique de la conjonction, cf. O. Ducrot, *Dire et ne pas dire*, pp. 129-31.

159. P. Lerat, *op. cit.*, p. 92.

Toutes les passions nous font faire des fautes, mais l'amour nous en fait faire de plus ridicules. (LR., 422)

On est quelquefois un sot avec de l'esprit, mais on ne l'est jamais avec du jugement. (LR., 456)

Il y a plusieurs remèdes qui guérissent de l'amour, mais il n'y en a point d'infaillibles. (LR., 459)

Le *distinguo* a été à juste titre rapproché de la *définition restrictive* en *ne...que*. Dans les deux structures, en effet, le principe de l'argumentation est la création d'un conflit entre un premier élément – explicite dans le *distinguo*, le plus souvent sous-entendu dans la définition – qui implique l'opinion généralement admise, et un deuxième élément qui la rectifie (*distinguo*) ou l'infirme (pseudo-définition).

Les avantages argumentatifs du simulacre de dialogue avec un opposant virtuel sont signalés et soulignés par Pascal, qui s'en est servi avec un grande efficacité dans *Les Provinciales*. Dans ses « Pensées sur l'esprit et sur le style », il donne le conseil suivant :

> Quand on veut reprendre avec utilité, et montrer à un autre qu'il se trompe, il faut observer par quel côté il envisage la chose, car elle est vraie ordinairement de ce côté-là, et lui avouer cette vérité, mais lui découvrir le côté par où elle est fausse. Il se contente de cela, car il voit qu'il ne se trompait pas, et qu'il manquait seulement à voir tous les côtés ; or on ne se fâche pas de ne pas tout voir, mais on ne veut pas [s']être trompé ; et peut-être que cela vient de ce que naturellement l'homme ne peut tout voir, et de ce que naturellement il ne se peut tromper dans le côté qu'il envisage [160] ; [...] (P., I, 9)

Associer le lecteur au raisonnement apparaît donc comme la stratégie la plus habile dans l'argumentation, puisque, selon Pascal,

> On se persuade mieux, pour l'ordinaire, par les raisons qu'on a soi-même trouvées, que par celles qui sont venues dans l'esprit des autres. (P., I, 10)

Contrairement à P. Lerat, nous ne pensons pas que la définition restrictive soit un modèle de concession vs. négation, mais plutôt un modèle *doxa* (opinion généralement admise) vs. négation. Cependant, les deux structures ont en commun l'artifice stratégique de la confrontation avec un interlocuteur supposé (le lecteur), accusé implicitement d'avoir accepté trop facilement une idée reçue. Nous avons vu que la pseudo-définition

---

160. Cette citation et la suivante renvoient à l'édition de Brunschvicg.

restrictive est très fréquente ; nous en rappellerons ici la forme par un exemple choisi parce qu'il explicite la définition qu'il réfute :

> Notre repentir n'est pas tant [un regret du mal que nous avons fait], qu'[une crainte de celui qui nous peut arriver]. (LR., 180)

Un type de maxime intermédiaire du point de vue argumentatif entre le *distinguo* et la définition indirecte est la structure apparentée à la pseudo-définition et qui correspond à la formule

SN_1 est SN_2 modifié

où N_2 est un hyperonyme de SN_1, fonctionnant comme un présupposé, et le modifieur constitue le vrai apport sémantique de la phrase. Comme la définition restrictive, cette formule fait appel à un équivalent admis de SN_1 ; son originalité consiste en ceci qu'elle implique un consensus émetteur/récepteur en ce qui concerne cet équivalent. La phrase

> La faiblesse est *le seul* défaut que *l'on ne saurait corriger*

pose, comme nous l'avons déjà montré, que la faiblesse est un défaut : le lecteur est censé le savoir et l'énonciateur ne le nie pas. Ce que la maxime vient communiquer c'est, comme le *distinguo*, quelque chose de plus, permettant de distinguer la faiblesse des autres défauts. Les formules de ce type peuvent se réécrire en effet sur le modèle du *distinguo* :

> La faiblesse est un défaut (*concedo*) mais c'est le seul qu'on ne saurait corriger (*nego*).

Le conflit entre l'idée reçue et l'opinion individuelle se reflète de manière encore plus vive dans la maxime *paradoxe*. Cette maxime est la plus frappante de toutes celles que nous avons décrites jusqu'ici, car elle présente l'avantage d'attaquer l'opinion admise d'une manière à la fois directe et surprenante.

Le terme « paradoxe » figure à plus d'un endroit dans la *Rhétorique* d'Aristote, avec le sens de « contraire à l'opinion commune », somme de ses deux éléments composants en grec : *para* (à côté ou en dehors de) et *doxa* (opinion).

La plupart des dictionnaires se contentent de reprendre ce sens du mot fondé sur l'étymologie, mais certains linguistes et stylisticiens s'interrogent aussi sur la structure en trompe-l'œil de cette figure, et incluent dans sa définition l'hiatus apparent entre le logique et l'illogique, entre le possible et l'impossible. Dans *Les Figures du discours* [161], P. Fontanier définit

---

161. Fontanier, *Les Figures du discours.*, p. 137.

le paradoxe comme « un artifice de langage par lequel des idées et des mots, ordinairement opposés et contradictoires entre eux, se trouvent rapprochés et combinés de manière que, tout en semblant se combattre et s'exclure réciproquement, ils frappent l'intelligence par le plus étonnant accord et produisent le sens le plus vrai, comme le plus profond et le plus énergique. » M. Riffaterre distingue entre le paradoxe littéraire et le paradoxe logique. Dans un article intitulé « Paradoxe et présupposition », il présente le paradoxe littéraire comme « un énoncé qui surprend d'abord parce qu'il contredit les idées reçues, et qui surprend derechef quand par le détour de l'absurdité il ramène le lecteur à une vérité inattendue [162] ».En logique, d'autre part, le paradoxe est une « conclusion apparemment inacceptable à laquelle on arrive par un raisonnement apparemment acceptable, à partir de prémisses apparemment acceptables. Ces apparences doivent donc être trompeuses, puisque l'acceptable ne peut aboutir par un raisonnement également acceptable à une conclusion qui ne le serait pas. D'où le choix suivant : ou la conclusion n'est pas vraiment acceptable, ou il y a un défaut peu évident dans le point de départ ou dans le raisonnement [163] ».

Si l'on examine de plus près l'emploi du paradoxe dans la maxime, on s'aperçoit que, au XVIIe siècle du moins, le paradoxe se conforme davantage au modèle logique, plus rigoureux, qu'à celui, plus vague, qu'on relève par ailleurs dans la littérature.

Dans un article consacré au paradoxe dans les maximes de La Rochefoucauld, H.E. Pagliaro [164] divise les formules sentencieuses en deux classes : les maximes descriptives ou explicatives et les maximes paradoxales ; dans cette seconde catégorie il inclut toutes les maximes qui s'opposent à la *doxa* par

> [...] the almost simultaneous destruction and reconstruction of received opinion. This change is wrought by a mischievous selection of contradictory views upon matters the reader has long regarded as settled [165].

162. Riffaterre, *op. cit.*, p. 149.

163. Sainsbury, R.M., *Paradoxes*, Cambridge University Press, 1988, p. 1, traduit et cité par M. Riffaterre, *ibid.*, p. 149.

164. H.E. Pagliaro, « Paradox in the Aphorisms of La Rochefoucauld and Some Representative English Followers », *P.M.L.A.* 79/1, 1964, pp. 42-50.

165. *Ibid.*, p. 45 : « [...] la destruction et reconstruction presque simultanées de l'idée reçue ; ce changement est réalisé au moyen d'une sélection malicieuse de vues contradictoires sur des questions que le lecteur considère depuis longtemps comme réglées. »

Dans cette optique la plupart des maximes de La Rochefoucauld sont en effet paradoxales, puisque sa technique la plus fréquente consiste à désorienter le lecteur en le lançant d'abord sur une piste positive (+), pour, dans un deuxième temps, lui faire changer de direction en sens contraire (-). Les maximes/définitions, par exemple, sont presque toutes construites sur ce modèle, puisqu'elles définissent de manière négative des termes décidément positifs.

Cependant, étant donné que la *doxa* est une notion floue et qui, de plus, varie dans le temps et dans l'espace, nous proposons de restreindre l'aire de la maxime paradoxe, en prenant pour critère de sélection la seule opposition à la doxa qui se réalise par une entorse faite à la logique. Un exemple illustrera ce distinguo : la phrase

C'est une grande folie de vouloir être sage tout seul (LR., 231)

exprime, certes, une opinion contraire à la doxa, puisque l'opinion commune valorise l'aspiration à la sagesse ; mais cette proposition ne constitue pas pour autant une assertion illogique ou absurde, comme elle le ferait si elle s'arrêtait au mot « sage » : on ne peut pas être fou et sage à la fois. Cette maxime n'est donc pas un paradoxe selon nos critères, parce qu'elle ne met pas en relation d'équivalence *vouloir être sage* et *être fou*, mais *être fou* et *vouloir être* (ou plutôt se croire) *sage envers et contre tous*.

Il semble donc utile de distinguer entre ces maximes – subversives certes, mais non illogiques – et les formules qui adoptent pour technique une distorsion effective de la logique. Comme les procédés stylistiques, les moyens servant à la création du paradoxe sont innombrables et par conséquent imprévisibles. Nous tenterons d'en analyser ici quelques-uns, plus fréquents dans notre corpus, afin d'en montrer le fonctionnement.

Au XVIIᵉ siècle, le paradoxe est exploité principalement à deux fins : combattre les excès de toutes sortes et prouver que les extrêmes se touchent. Du point de vue technique, nous croyons pouvoir diviser ces formules en deux catégories :

— celles qui s'opposent à la logique en attaquant la langue elle-même et l'usage que nous en faisons ;

— celles qui dénoncent un raisonnement erroné.

La littérature classique privilégie particulièrement la première de ces catégories. La distorsion de la logique s'y opère le plus souvent au moyen de manipulations lexicales, dont la plus fréquente est la remise en question des rapports de sens entre une notion et sa définition, entre synonymes, antonymes et vocables appartenant à une même aire sémantique. Si l'on considère, par exemple, l'exergue aux *Maximes* de La Rochefoucauld, reconnu intuitivement par Pagliaro comme un paradoxe, on s'apercevra que cette définition négative d'un terme positif va plus loin que les autres, du même type, puisque la formule définitoire

SN_1 est SN_2 (hypéronyme de SN_1) + traits distinctifs

comporte, à la place d'un SN_2 hypéronyme, un antonyme de SN_1, à définir. C'est cette aberration linguistique qui forme ici le paradoxe. La négation de la définition d'un terme peut se réaliser aussi par d'autres moyens. Ainsi, dans

> Qui vit sans folie n'est pas si sage qu'il croit. (LR., 209)

le lecteur reconnaît dans la relative/sujet la définition même du sage, pour apprendre aussitôt après – et sans être nullement préparé à ce revirement – que le sage n'en est pas un. Le mécanisme de cette formule comporte donc deux opérations; la première s'appuie sur le connu et l'admis :

1. sans folie = sage

la deuxième introduit une équivalence aberrante :

2. sage $\neq$ sage
   $X \neq X$

est un modèle sémantique fréquent, et qui présente de nombreuses variantes se réalisant par des structures linguistiques très dissemblables. Voici, par exemple, deux remarques de Pascal [166] sur l'éloquence :

> La vraie éloquence se moque de l'éloquence [...] (P., I, 4)
> L'éloquence continue ennuie. (P., VI, 355)

Afin de mieux comprendre le caractère paradoxal de ces deux propositions, il sera utile de considérer d'abord la définition que Pascal lui-même donne de l'éloquence :

> L'éloquence est un art de dire les choses de telle façon que 1. ceux à qui l'on parle puissent les entendre sans peine et avec plaisir; 2. qu'ils s'y sentent intéressés, en sorte que l'amour-propre les porte plus volontiers à y faire réflexion. (P., I, 16)

Or, le premier de ces exemples implique que l'éloquence ne correspond à sa définition que si elle renonce à s'y conformer; le deuxième affirme que bien

---

166. Toutes les citations de Pascal illustrant le phénomène du paradoxe sont tirées de l'édition de Brunschvicg.

parler continuellement n'est pas bien parler. Cependant, Pascal détruit souvent le paradoxe aussitôt après l'avoir énoncé, préférant sacrifier l'effet de la formule à la clarté du message. Voici, en effet, sa propre version de l'idée exprimée déjà dans la maxime 209 de La Rochefoucauld, citée plus haut :

> Qui voudrait ne suivre que la raison serait fou [...].

Elle constituerait en effet un paradoxe, si la suite n'en dénonçait le faux raisonnement :

> Qui ne voudrait suivre que la raison serait fou *au jugement de la plus grande partie du monde.* (mais non d'une minorité qui, comme l'auteur, est capable de discerner l'erreur) (P., II, 82)

Le modèle $X \neq X$ se réalise aussi, mais par une structure différente, dans cette maxime de La Rochefoucauld :

> On est quelquefois aussi différent de soi-même que des autres.
> (LR., 135)

La phrase tire son effet paradoxal du fait que, tout en gardant le même référent, le pronom atone *on* et le pronom tonique correspondant *soi* réclament ici des identités distinctes. Ce modèle jouit d'un très grand succès : on le retrouve à d'autres époques et en d'autres langues. Pagliaro cite cette maxime d'Halifax :

> Just enough of a good thing is always too little [167].

Ne se contentant plus de dissocier la notion de sa définition, une version encore plus audacieuse du même modèle procède carrément à la mise en équivalence d'antonymes :

$$X = -X \,[168]$$

> La plus subtile folie se fait de la plus subtile sagesse. (LR., 592)

---

167. Juste assez d'une bonne chose est toujours trop peu.
Les maximes paradoxes de Swift et d'Halifax citées ici sont empruntées à H.E. Pagliaro, *op. cit.*

168. R. Landheer (« Le Paradoxe : un mécanisme de bascule ») discute ce type paradoxal, qu'il exprime par la formule « à la fois X et non X ». Son exemple, une phrase tirée d'un texte d'Umberto Eco :

« [...] le chemin le plus long est parfois le plus court [...] »

(elle aussi une maxime) correspond à notre modèle $X = -X$. Dans l'interprétation de Landheer, *long* et *court* ne constituent ici que des antonymes apparents, puisque le contexte sélectionne, pour chacun d'entre eux, des traits sémantiques et des connotations à des niveaux interprétatifs différents. Il nous semble toutefois que ce type de paradoxe ne peut se réaliser que par la mise en équivalence d'antonymes ($X = -X$). Une phrase du type : « le chemin le plus long est parfois le plus avantageux » (paraphrase de la précédente, sur le modèle « à la fois X et non X »), sera perçue comme nettement

Les passions en engendrent qui leur sont contraires : on est souvent ferme par faiblesse et audacieux par timidité. (LR., 11)

(La plus subtile sagesse rejoint la plus subtile folie ; l'homme résolu en cache parfois un faible, l'audacieux est en réalité un timide.)

Cette structure se rapproche beaucoup, par ses effets, de la maxime qui juxtapose ou coordonne des antonymes :

> L'homme est naturellement crédule, incrédule, timide, téméraire.
> (P., II, 125)
> En vieillissant, on devient plus fou et plus sage. (LR., 210)

La coordination des antonymes par la conjonction *et* augmente l'effet paradoxal en soulignant la cœxistence des attributs contraires. Dans l'exemple suivant, Pascal crée un paradoxe très frappant, qu'à son habitude il détruit aussitôt :

> Notre religion est sage et folle. Sage, parce qu'elle est la plus savante et la plus fondée en miracles, prophéties, etc. Folle, parce que ce n'est point tout cela qui fait qu'on en est. (P., VIII, 588)

Une technique apparentée tend à effacer l'antonymie en exprimant le pôle positif en fonction du pôle négatif, comme, en mathématiques, l'on résout une équation à deux inconnues (x, y) en la réduisant à une seule. Ainsi, pour ces auteurs, l'homme est toujours et irrémédiablement fou, ce que nous appelons sagesse n'étant qu'une forme particulière de la folie :

> La folie nous suit dans tous les temps de la vie. Si quelqu'un paraît sage, c'est seulement parce que ses folies sont proportionnées à son âge et à sa fortune. (LR., 207)
> Les hommes sont si nécessairement fous, que ce serait être fou par un autre tour de folie de n'être pas fou. (P., VI, 414)

Comme nous l'avons déjà mentionné, des structures très différentes sont susceptibles d'aboutir à un même type de paradoxe. L'exergue aux *Maximes* de La Rochefoucauld, classé d'abord parmi les définitions aberrantes, correspond aussi au modèle fondé sur l'effacement du pôle positif d'un couple antonymique : nous n'avons que des vices, et les vices déguisés s'appellent vertus.

---

moins paradoxale, bien que s'opposant elle aussi à l'idée doxale selon laquelle le chemin le plus direct est toujours préférable. (Voir aussi la note 171 ci-dessous, sur l'échelle du paradoxisme). Sans contester l'explication du fonctionnement du mécanisme linguistique qui sous-tend le paradoxe, nous tenons à insister sur le fait que c'est l'antonymie initiale des deux termes en dehors de tout contexte qui rend l'énoncé inacceptable à première vue et crée par conséquent le paradoxe.

Une autre source fréquente de paradoxe est la contestation des rapports de sens entre des termes d'une même aire sémantique. Ainsi, en langue, *amitié* et *amour* (+) s'opposent à *haine* (-). Cependant, dans la maxime 72 :

> Si l'on juge de l'amour par la plupart de ses effets, il ressemble plus à la haine qu'à l'amitié

La Rochefoucauld réarrange ces vocables en un ordre différent, où *amitié* (+) s'oppose à *amour* et *haine* (-) qui, du coup, ne se trouvent plus en relation antonymique. La même technique peut aussi être relevée dans la maxime 167 :

> L'avarice est plus opposée à l'économie que la libéralité.

Le but de ces formules est, bien évidemment, de montrer que l'excès, dans quelque direction qu'il se manifeste, est toujours négatif. L'affinité de la passion avec la haine est un sujet de paradoxe commun et même rebattu ; il apparaît plus d'une fois chez le seul La Rochefoucauld :

> Plus on aime une maîtresse et plus on est prêt de la haïr. (LR., 111)

Dans le même but de combattre l'excès, un autre type de paradoxe soutient que trop de zèle pour obtenir ou accomplir une chose produit souvent un effet contraire à celui si ardemment désiré :

> Souvent trop d'abondance appauvrit la matière. (B., III, v.256)
> Qui veut tout retenir laisse tout échapper. (C., *La Place Royale*, I, 1)
> L'homme n'est ni ange ni bête, et le malheur veut que qui veut faire l'ange fait la bête. (P., VI, 358)

Dans ces cas aussi, la maxime s'appuie sur des oppositions lexicales, mais qui s'y réduisent à un simple procédé stylistique, puisqu'ici ce n'est plus la langue et la mentalité qu'elle reflète qui sont visées.

La deuxième catégorie majeure de paradoxes qui nous occupe ici résulte d'un faux raisonnement, que l'auteur choisit ou non d'indiquer comme tel :

> Deux sortes de gens égalent les choses, comme les fêtes aux jours ouvriers, les chrétiens aux prêtres, tous les péchés entre eux, etc. Et de là les uns concluent que ce qui est donc mal aux prêtres l'est aussi aux chrétiens, et les autres, que ce qui n'est pas mal aux chrétiens est permis aux prêtres. (P., XIV, 866)

Très épris de paradoxe, Swift reprend cette technique au XVIIIe siècle et il en augmente l'effet en donnant, ironiquement, le raisonnement abherrant pour vrai :

No man will take counsel, but every man will take money; therefore money is better than counsel [169].

Un des motifs récurrents dans ce genre de maximes est fourni par l'attitude irrationnelle de l'être humain devant la perspective de la vieillesse et de la mort.

> On craint la vieillesse, que l'on n'est pas sûr de pouvoir atteindre

écrit La Bruyère (XI, 40), puis reformule la même idée de manière encore plus tranchante et par conséquent plus paradoxale :

> L'on espère de vieillir, et l'on craint la vieillesse [...]

mais il détruit aussitôt le paradoxe en donnant à ce phénomène une explication logique :

> [...] c'est-à-dire l'on aime la vie et l'on fuit la mort. (LB., XI, 41)

Swift reprend cette idée aussi et, en focalisant la contradiction, il aiguise le paradoxe :

> Every man desires to live long : but no man would be old [170].

Il est particulièrement intéressant de comparer ces exemples avec deux autres réflexions de La Bruyère :

> A parler humainement, la mort a un bel endroit, qui est de mettre fin à la vieillesse. (LB., XI, 45)
> La mort qui prévient la caducité arrive plus à propos que celle qui la termine. (*ibid.*)

On peut constater une fois de plus, dans ces maximes, la distinction que nous prétendons établir ici entre la formule qui défie l'opinion commune et celle qui enfreint les lois de la logique. Ces deux assertions démentent,

---

169. Personne ne veut prendre des conseils et chacun veut prendre de l'argent; donc l'argent est meilleur que les conseils.

170. Chaque être humain désire vivre longtemps : mais personne ne veut être vieux. Swift reprend souvent des maximes paradoxales des auteurs français du XVIIe siècle, qu'il focalise en aiguisant le paradoxe. Moins originales, ses formules sont en revanche plus percutantes que celles qui leur servent de modèle. Dans un article sur le paradoxe, M. Tuţescu (« Paradoxe, univers de croyance et pertinence argumentative »), à la suite de nombre d'autres auteurs (Fontanier, Molinié, etc.) distingue entre *paradoxe* et *paradoxisme*. Tuţescu postule l'existence d'une échelle du paradoxisme, aux pôles de laquelle se situent, d'une part, « la structure paradoxale ténue, vague, diluée, fortement modalisée », d'autre part l'énoncé paradoxal « condensé, dense, tendu ». Le passage de l'un à l'autre se fait selon elle graduellement, par « un processus [...] de focalisation de la contradiction entre deux univers de croyance résorbée discursivement ». (pp. 82-83). Dans cette optique, l'on peut affirmer que Swift déplace le paradoxe de La Bruyère à un niveau supérieur sur l'échelle du paradoxisme.

en effet, l'opinion quasi unanime que la perte de la vie est un malheur pour tout être humain, en toute circonstance (cf. en effet La Rochefoucauld : « Le soleil ni la mort ne se peuvent regarder fixement. ») ; or le premier de ces exemples soutient que la mort a un côté positif, le deuxième, qu'elle peut arriver plus ou moins à propos ; les deux infirment l'opinion généralement admise que l'homme désire vivre le plus longtemps possible. Et pourtant, chacune de ces deux propositions construit, à partir de la prémisse – elle aussi généralement admise – que la vieillesse est une misère et la caducité un malheur, un raisonnement d'une logique impeccable, auquel le lecteur ne peut que souscrire.

Ce type de maxime est intéressant en soi ; il constitue, en quelque sorte, un *antiparadoxe*, puisqu'il combat la *doxa* par la logique. Parfois ce n'est plus un raisonnement mais un comportement illogique que la maxime tourne ainsi en dérision :

> Il n'y a rien que les hommes aiment mieux à conserver, et qu'ils ménagent moins, que leur propre vie. (LB., XI, 34)

C'est au moyen d'une question rhétorique que, dans l'antiparadoxe suivant, La Rochefoucauld dénonce l'absurde par un raisonnement logique :

> Comment prétendons-nous qu'un autre garde notre secret, si nous ne pouvons le garder nous-même ? (LR., 584)

Le faux raisonnement produit généralement des maximes très énergiques ; les plus spirituelles sont celles qui y joignent des jeux de mots : oppositions polaires, répétitions simples ou en écho, structures binaires à base de synonymes ou d'antonymes. Un maniement habile de ces éléments stylistiques peut même créer des paradoxes en trompe-l'œil :

> Le *vrai* peut quelquefois n'être pas *vraisemblable*. (B., III, v.48)

L'exception à la règle, en particulier, se déguise en paradoxe si elle s'accompagne d'un superlatif :

> Le style le *moins noble* a pourtant sa noblesse. (B., I, v.80)
> Les menteurs *les plus grands* disent vrai quelquefois.
> (C., *Le Menteur*, IV, 7)

Sans doute, bien d'autres moyens servent à engendrer de vrais ou faux paradoxes : les possibilités en sont presque illimitées ; mais on peut dire, pour conclure, que, pour être paradoxale, il ne suffit pas dans notre optique que la maxime soit saisissante, incisive ou même subversive. La maxime paradoxe doit nécessairement heurter la logique, et ce choc la rend plus incisive et plus subversive que celle qui se contente de contrarier les idées reçues du lecteur.

A côté de ces formules dont le principe argumentatif se fonde sur l'opposition à la *doxa*, un autre moyen persuasif majeur est constitué par l'explication de l'inconnu (ou ce qui est supposé tel) par le connu. Nous avons déjà vu, à ce propos, la classe de la pseudo-définition (positive) qui prétend, comme l'entrée du dictionnaire, expliquer une notion par une autre. Nous présentons ici un autre moyen rhétorique fréquent tendant au même but : l'analogie.

L'analogie est un procédé logique et rhétorique qui exploite la ressemblance entre deux structures ou relations afin d'expliquer l'une (thème) par l'autre (phore). L'analogie type comporte quatre termes, A, B, C, D, qui s'organisent selon la formule :

A est à B (thème) ce que C est à D (phore)

> Normalement — écrit Ch. Perelman — le phore est mieux connu que le thème dont il doit éclairer la structure, ou établir la valeur, soit valeur d'ensemble, soit valeur respective des termes [...] En outre, pour qu'il y ait analogie, thème et phore doivent appartenir à des domaines différents : lorsque les deux rapports que l'on confronte appartiennent à un même domaine et peuvent être subsumés sous une structure commune, l'analogie fait place à un raisonnement par l'exemple ou l'illustration, thème et phore fournissant deux cas particuliers d'une même règle [171].

La Rochefoucauld affectionne particulièrement l'analogie ; certaines de ses maximes, empruntant le phore au règne physique, expliquent le phénomène humain d'une manière à la fois imagée et claire :

> L'absence diminue les médiocres passions, et augmente les grandes, comme le vent éteint les bougies, et allume le feu. (LR., 276)

Comme on peut le constater, d'autres moyens stylistiques appuient l'analogie et l'enrichissent : structure binaire, dédoublement polaire symétrique de B (« les médiocres passions et les grandes ») et de D (« les bougies », « le feu »), reflet spéculaire des deux couples d'antonymes *diminue/augmente* ; *éteint/allume*, harmonie prosodique résultant de la symétrie syntaxique. Il existe cependant aussi des versions formelles moins équilibrées de ce modèle (par exemple dédoublement de B mais non de D) :

---

171. Ch. Perelman, *Traité de l'Argumentation*, pp. 501-2.

> La fortune fait paraître nos vertus et nos vices, comme la lumière fait paraître les objets. (LR., 380)

Parfois l'analogie s'accompagne de l'explication du rapport qu'elle suggère :

> La modestie est au mérite ce que les ombres sont aux figures d'un tableau : *elle lui donne de la force et du relief.* (LB., II, 17)

Le thème de la maxime analogique étant toujours abstrait, le phore apporte généralement une explication en termes concrets ; quand, toutefois, le phore comporte lui aussi une ou plusieurs notions abstraites, la formule devient plus obscure et demande un effort d'interprétation de la part du lecteur :

> La bonne grâce est au corps ce que le bon sens est à l'esprit. (LR., 67)

En effet, un style trop recherché peut mener parfois à des phrases peu compréhensibles : ici l'auteur, ne résistant pas à l'effet d'écho dans A et C (qui sont tous deux des noms composés dont le premier élément est *bon/bonne*), brouille quelque peu le sens de la maxime. Dans une note, J.-P. Caput s'interroge : « Quelle interprétation pouvons-nous donner de la bonne grâce dans la maxime 67, étant donné la part d'habileté, d'équilibre, d'aisance et de naturel qui entre dans la notion de *bon sens* ici [172] ? »

De même

> La sagesse est à l'âme ce que la santé est pour le corps (LR., 541)

demande de la réflexion avant d'emporter l'adhésion.

L'analogie à quatre termes se présente souvent sous forme de comparaison :

A se relie à B comme C se relie à D

> Les vertus se perdent dans l'intérêt, comme les fleuves se perdent dans la mer. (LR., 171)

(cf. aussi notre premier exemple de maxime analogique ci-dessus).

D'autres maximes du même genre prennent la forme de similitudes impliquant seulement trois termes. Du point de vue logique, l'on peut toutefois voir dans ces structures aussi des analogies complètes où un terme apparaît deux fois :

> L'amour est à l'âme de celui qui aime ce que l'âme est au corps qu'elle anime. (LR., 576) A est à B ce que B (C) est à D.

---

172. Edition « Classiques Larousse » des *Maximes*, p. 35, question 12.

Ce modèle *a priori* très simple se trouve cependant parfois à la base de structures assez compliquées; que l'on considère seulement la maxime suivante, qui s'achève sur une analogie :

La modération ne peut avoir le mérite de combattre l'ambition et de la soumettre : elles ne se trouvent jamais ensemble. *La modération est la langueur et la paresse de l'âme, comme l'ambition en est l'activité et l'ardeur.* (LR., 293)

Si l'on voulait traduire cette maxime par une formule, on obtiendrait :

A est F (faculté) de B comme C est F1 de B

où, de surcroît, F et F1 sont dédoublés en termes d'un même champ sémantique *langueur/paresse*, *activité/ardeur*; F et F1 s'opposent l'un à l'autre au moyen d'antonymes : *langueur/ardeur*, *paresse/activité*; enfin, l'ordre des antonymes est inversé dans les deux couples : *langueur/paresse* vs. *activité/ardeur*.

Les analogies à trois termes qui évitent la répétition verbale prennent l'allure de simples comparaisons, surtout si la similitude s'exprime au moyen de *comme* :

La plupart des hommes ont, comme les plantes, des propriétés cachées que le hasard fait découvrir. (LR., 344) = La plupart des hommes ont (des propriétés cachées que le hasard fait découvrir) comme les plantes (ont) des qualités cachées que le hasard fait découvrir.
Notre sagesse n'est pas moins à la merci de la fortune que nos biens. (LR., 323) = Notre sagesse est à la merci de la fortune autant que nos biens (sont à la merci de la fortune).

Il s'agit là d'un moyen supplémentaire, et des plus efficaces, pour condenser l'expression, pour renfermer une structure remarquablement complexe dans une phrase très simple. Les variations sont nombreuses :

Il est de certaines bonnes qualités comme des sens : ceux qui en sont entièrement privés ne les peuvent apercevoir, ni les comprendre. (LR., 337) = Ceux qui sont entièrement privés de sens ne les peuvent apercevoir (les sens), ni les comprendre; de même, ceux qui sont entièrement privés de bonnes qualités ne peuvent les apercevoir (les bonnes qualités) ni les comprendre.
Dans la vieillesse de l'amour, comme dans celle de l'âge, on vit encore pour les maux, mais on ne vit plus pour les plaisirs (LR., 430) = La vieillesse de l'amour ressemble à la vieillesse de l'âge : on y vit encore pour les maux, mais non pour les plaisirs (explicitation de la relation).

> La plus juste comparaison qu'on puisse faire de l'amour c'est celle de la fièvre : nous n'avons non plus de pouvoir sur l'une que sur l'autre, soit pour sa violence, ou pour sa durée. (LR., 638) = L'amour est pour nous ce que la fièvre est pour nous (A est à B ce que C est à B + explicitation de la relation).

Dans les maximes les plus concises le commun terme est omis et il représente le sujet thématique le la formule.

> Il y a des folies qui se prennent comme les maladies contagieuses. (LR., 300) = *On* est infecté de la folie comme *on* prend les maladies contagieuses.

L'art du raccourci atteint parfois des sommets vertigineux, comme dans cette très fameuse maxime de La Rochefoucauld, où l'association elliptique des termes crée non seulement l'illusion de la comparaison, mais celle d'un zeugme :

> Le soleil ni la mort ne se peuvent regarder fixement. (LR., 26) = L'homme ne peut regarder fixement la mort comme il ne peut regarder fixement le soleil.

Le jeu de l'image et de la logique est d'autant plus complexe et trompeur ici que l'ordre *comparé* (thème)/*comparant* (phore) est inversé : Le soleil (phore) ni la mort (thème) ne se peuvent regarder fixement.

Celle-ci est d'ailleurs une maxime exemplaire, en ce qu'elle illustre non seulement la stratégie argumentative, mais aussi, et surtout, le fait que le conflit entre le désir de persuader et le besoin d'abréger est susceptible de produire, en définitive, l'énoncé le plus dense, le plus expressif et le plus mémorable.

CONCLUSION

« Pourquoi déclarez-vous que "le cinéma n'est pas un art, c'est le fast-food de la culture"? », demandait, dans un des numéros récents de L'Express [173], un journaliste à un cinéaste. « Je n'ai pas pu résister à la formule », répondait ce dernier. Et d'ajouter aussitôt une autre formule : « [Un grand film] est un miracle qui relève de l'art religieux [...] et met soudain le spectateur au-dessus de lui-même ». Sans doute, cet autre journaliste ne put-il pas non plus résister à la formule qui, à propos d'un présentateur de la télévision, remarqua malicieusement que : « les adultes précoces font les vieux adolescents [174] ». Peu importe : « la formule » atteint ses deux buts fondamentaux : permettre à l'énonciateur/émetteur d'exprimer de la meilleure façon possible (selon lui et dans la mesure de ses capacités) une opinion de portée générale sur le sujet débattu, et impressionner le récepteur par des images et des analogies inattendues sinon surprenantes. Cette réponse décrit bien la première raison de la production de maximes dans le monde contemporain : à une époque où la prétention de généraliser et le style pontifiant sont extrêmement dévalorisés, la double tentation de dire son opinion, et de la dire bien, l'emporte souvent sur la prudence. Si l'on ne pratique plus la maxime comme genre indépendant, la maxime enchâssée, elle, est vivante et plus productive qu'on ne veut l'avouer. Certes, elle ne représente plus toujours ce bijou, cet objet d'art mille fois retravaillé, poli et ciselé, des classiques ; mais les formules, émises souvent à la va-vite, sortent aujourd'hui du cadre étroit de la littérature pour envahir la langue des journaux et le discours oral, sans abandonner pour autant leurs velléités littéraires.

Certaines de ces pensées sont prononcées sans même que leurs auteurs soient conscients de pratiquer le genre ; et, si l'on disait à ces maximistes

---

173. *L'Express* n°.2325 du 25 janvier 1996, p. 56.

174. *L'Express* n°.2324 du 18 janvier 1996, p. 64.

de circonstance qu'ils se situent dans la lignée de La Rochefoucauld et de Chamfort, ils seraient sans doute aussi étonnés que Monsieur Jourdain en apprenant qu'il faisait de la prose.

La maxime citée est, elle aussi, une denrée très recherchée : elle ajoute à la qualité de l'expression le prestige de la culture ; et ce n'est sans doute pas un hasard si, sur 362 citations relevées dans L'Express et Le Nouvel Observateur sur une période de six mois [175], seules 21 n'étaient pas des maximes.

La citation opère d'ailleurs une curieuse mutation : isolée en vue de la citation, la maxime initialement enchâssée perd souvent tout rapport avec son texte d'origine. Il n'est même pas sûr que le citant puisse mentionner, s'il le devait, (il ne le fait presque jamais d'ailleurs dans nos exemples, se contentant seulement de donner le nom de l'auteur) l'œuvre dont la maxime est tirée :

> Nietzsche écrivait à l'aube de ce siècle que *le fanatisme est la seule forme de volonté qui puisse être insufflée aux faibles et aux timides* [176].
> *La tombe aime tout de suite le silence*, prétend Mallarmé [177].
> Et [...] de citer Gandhi : *Il faut servir avec intelligence les fatalités de sa nature* [178].

Il n'est pas rare, non plus, que la « citation » – si l'on peut encore l'appeler ainsi – ne constitue plus qu'une interprétation libre de pensées dont on ne retrouve plus la référence :

> *La société libre*, disaient nos philosophes du XVIIIᵉ siècle, [...] *est fondée sur la distinction des ordres et pas sur le mélange des genres* [179].

Mais la plus grande consommation de maximes citées se fait indirectement, par allusion ou détournement. Le détournement est une vrai passion des journaux et de la publicité. Il exige cependant un énoncé initial suffisamment connu (même si l'on ne peut pas en spécifier la référence) pour que la manipulation soit d'abord dépistée, puis goûtée. Nous avons déjà cité « La femme est un roseau dépensant ». En voici encore quelques exemples plus récents :

---

175. 1er janvier au 30 juin 1996. Parmi ces 21 citations, il y avait deux proverbes.

176. *L'Express* n° 2343 du 30 mai 1996, p. 29.

177. *L'Express* n° 2325 du 25 janvier 1996, p. 61.

178. *L'Express* n° 2343 du 30 mai 1996, p. 138.

179. *L'Express* n° 2340 du 9 mai 1996, p. 22.

Le nationalisme, c'est l'opium des imbéciles [180].
La politique est une longue patience [181].

Les Anciens et les classiques sont toujours parmi nous : quel que soit le sujet dont on parle, magazines, revues et journaux citent volontiers Socrate, Spinoza, La Bruyère, Saint-Simon, La Rochefoucauld, Chamfort. Leurs maximes émergent parfois en d'autres termes, et paraissent rajeunies, sinon neuves. Nous l'avons vu : Swift reprenait La Bruyère – citation ou réminiscence ? Et si, de nos jours, Charles Pasqua déclare dans la presse :

> Les promesses n'engagent que ceux qui les reçoivent [182]

n'est-ce pas sa façon de dire, avec La Rochefoucauld, que

> Nous promettons selon nos espérances, et nous tenons selon nos craintes (LR., 38) ?

Certes, la nature de la maxime a évolué, au XXᵉ siècle, de Proust, « moraliste » moderne, en passant par Giraudoux et Montherlant, épris du genre, à la production massive que l'on peut constater dans les publications actuelles, à caractère littéraire ou non ; mais – énoncé original ou citation – elle est toujours aussi vivante, et son emploi généralisé dans le discours continu ne fait que confirmer sa valeur rhétorique et argumentative.

« La dernière chose qu'on trouve en faisant un ouvrage, est de savoir celle qu'il faut mettre la première », dit Pascal.

La maxime est, avant tout, intéressante en tant que produit d'une activité humaine qui s'efforce de transcender par la pensée le particulier afin d'accéder au général, le concret afin d'atteindre l'abstrait, l'occurrence afin d'en déduire la règle ; elle s'efforce d'appréhender l'univers humain et d'en dégager les lois, d'y trouver un ordre logique et un sens.

En littérature, elle se révèle d'une nature très différente à la fois de celle de la description et de celle de la narration, qui restent toutes deux dans le domaine du concret. Sa parenté formelle avec la loi scientifique est décisive du point de vue linguistique ; mais sur la charpente très simple de la loi, elle échafaude une construction complexe et riche, étonnante parce que toujours neuve, concise et pourtant complète : quand elle est simple et dépouillée, elle l'est par choix et non par nécessité.

---

180. *L'Express* n° 2340 du 9 mai 1996, p. 22.

181. *Le Point* n° 1252, 14 septembre 1996, p. 7.

182. *Le Point* n° 1252, 14 septembre 1996, p. 13.

Trop connue, elle devient proverbe ; rebattue, elle devient un lieu commun ; médiocre, elle passe inaperçue ; excellente, elle accompagne certaines personnes pendant toute leur vie. Elle se transmet par la citation d'un texte à l'autre, comme un flambeau ; et comme le flambeau, elle éclaire parfois la réalité d'une lumière nouvelle.

Tout le monde crée des maximes, tout le monde en connaît, tout le monde les cite : sur le parcours intellectuel de la vie il n'y a pas de voyageur sans bagages.

REPERES BIBLIOGRAPHIQUES

TEXTES ET EDITIONS CITEES

BOILEAU, N., *Le Lutrin. L'Art poétique*, Paris, Larousse, c.1934.

BAUDELAIRE, Ch., *Œuvres complètes*, Paris, N.R.F., Pléiade, 1961.

CORNEILLE, P., *Œuvres complètes*, Paris, Seuil, 1970.

GIRAUDOUX, J., *La Guerre de Troie n'aura pas lieu*, Paris, Bernard Grasset, 1991.

LA BRUYERE, J. de, *Les Caractères*, Paris, Hachette, 1964.

LA FONTAINE, J. de, *Fables choisies mises en vers*, Introduction, notes et relevé de variantes par G, Couton, Paris, Garnier, 1962.

LA ROCHEFOUCAULD, F. duc de, *Maximes et réflexions diverses*, Paris, Larousse, 1975.

L'Express, n°.2215, 23 décembre 1993.

— n°.2219, 20 janvier 1994.

— n°.2221, 3 février 1994.

MOLIERE, *Œuvres complètes*, Paris, Gallimard, 1969.

MONTAIGNE, M. de, *Essais*, édition conforme au texte de l'exemplaire de Bordeaux par P. Villey, 3ᵉ édition sous la direction de V.-L. Saulnier, Paris, P.U.F., 1978.

MONTHERLANT, H. de, *Port Royal*, Paris, Gallimard, 1964.

PASCAL, B., *Pensées*, texte de l'édition de Brunschvicg, avec introduction et notes par Ch.-M. des Granges, Paris, Garnier, 1964.

— *Pensées*, Paris, Larousse, coll. « Nouveaux Classiques Larousse, » 1965.

PROUST, M., *A la Recherche du temps perdu*, 3 vol., Paris, N.R.F., Pléiade, 1954.

RACINE, J., *Œuvres complètes*, Paris, Seuil, 1969.

DICTIONNAIRES ET GRAMMAIRES

BLOCH, O. et W. von Wartburg, *Dictionnaire étymologique de la langue française*, Paris, P.U.F., 1964.

CORNEILLE, T., *Dictionnaire des arts et des sciences*, 1694, 2 vols., Genève, Slatkine Reprints, 1968.

CAYROU, G., *Le Français classique*, Paris, Didier, 1948.

Dictionnaire de l'Académie Française, 2ᵉ édition, 1695, 2 vol., Genève : Slatkine Reprints, 1968.

Dictionnaire de linguistique, Paris, Larousse, 1973.

DUBOIS, J., Lagane, R. et A. Lerond, *Dictionnaire du français classique*, Paris, Larousse, 1971.

— *Grammaire structurale du français*, Paris : Larousse, t.1, Le Nom et le pronom, 1965.

FURETIERE, A., *Dictionnaire Universel*, 1690, 3 vol., Genève, Slatkine Reprints, 1970.

Grand Larousse de la Langue Française, 7 vol., Paris, Larousse, 1971-8.

GREVISSE, M., *Le Bon Usage*, 8e édition revue, Gembloux, Duculot, Paris, Hatier, 1964.

HATZFELD, A., DARMESTETER, A., *Dictionnaire général de la langue française du commencement du XVIIe siècle à nos jours*, 2 vol., Paris, Delagrave, 1964.

LAROUSSE, P., *Grand Dictionnaire universel du XIXe siècle*, 15 vol., Larousse, 1866-1876.

— *Grand Larousse de la Langue Française*, 7 vol., 1971-8.

LITTRE, E., *Dictionnaire de la langue française*, 7 vol., Paris, Gallimard- Hachette, 1957.

MOLINER, M., *Diccionario de uso del espanol*, 2 vol., Madrid, Gredos, 1987.

MOLINIE, G., *Dictionnaire de rhétorique*, Paris, Les Usuels de Poche, 1992.

MONITOR, *Enciclopedia Salvat para todos*, Pamplona, Salvat, 1967.

Petit Robert, Paris, Société du Nouveau Littré, 1967.

Trésor de la Langue Française, 16 vol., Paris, C.N.R.S., 1970-1994.

VAUGELAS, C.F. de, *Remarques sur la langue française*, 2e édition, Paris, 1664.

OUVRAGES CRITIQUES

ADAM, A., *Histoire de la littérature française au XVIIe siècle*, 5 vol., Paris, del Duca, 1958.

— *Le Théâtre classique*, Paris, P.U.F., coll. « Que sais-je ? », 1970.

AMOSSY, R., *Les Idées reçues*, Paris, Nathan, 1991.

AMOSSY, R., ROSEN, E., *Les Discours du cliché*, Paris, CDU et SEDES réunis, 1982.

ANSCOMBRE, J.-C., DUCROT, O., « Argumentativité et polyphonie » in *L'Argumentation dans la langue*, Bruxelles, Pierre Mardaga, 1983, pp. 171-179.

ARISTOTE, *Rhétorique*, trad. M. Dufour et A. Wartelle, 3 vol., Paris, Les Belles Lettres, 1960-1973,

AUBIGNAC, F. H. (abbé d'), *Pratique du théâtre*, Alger, Ancienne Maison Bastide-Jourdan, Jules Carbonnel, 1927.

BALAVOINE, C., « Bouquets de fleurs et colliers de perles : sur les recueils de formes brèves au XVIe siècle, » in *Les Formes brèves de la prose et le discours discontinu*, Paris, J. Vrin, 1984, pp. 51-72.

BARTHES, R., *Mythologies*, Paris, Seuil, 1957.

— *Nouveaux Essais critiques*, Paris, Seuil, 1972.

BEAUJOT, J.-P., « Le Travail de la définition dans quelques maximes de La Rochefoucauld », in *Les Formes brèves de la prose et le discours discontinu*, Paris, J. Vrin, 1984, pp. 95-100.

BENNINGTON, G., *Sententiousness and the Novel*, Cambridge University Press, 1985.

CERQUILIGNY, B. et J., « L'écriture proverbiale », in *Revue des Sciences Humaines*, 163, 1976, pp. 359-75.

CLARAC, P., *L'Age classique*, t. II : 1660-1680, Paris, Artaud, 1969.

Collected Works of Erasmus. Adages, annotated by R.A.B. Mynors, Toronto, Buffalo, London, University of Toronto Press, 1982.

COMPAGNON, A., *La Seconde Main ou le travail de la citation*, Paris, Seuil, 1979.

DES GRANGES, Ch.-M., BOUDOUT, J., *Histoire de la littérature française*, Paris, Hatier, 1947.

DUCROT, O., *Dire et ne pas dire*, Paris, Herman, coll. « Savoir », 1972.

— *Le dire et le dit*, Paris, Editions de Minuit, 1984.

FONTANIER, P., *Les Figures du discours*, Paris, Flammarion, 1977.

FORESTIER, G. *Introduction à l'analyse des textes classiques*, Paris, Nathan, 1993.

GREIMAS, A.-J., « Idiotismes, proverbes, dictons », in *Cahiers de Lexicologie*, 2, 1960, pp. 41-61.

GRESILLON, A., MAINGUENEAU, D., « Polyphonie, proverbe et détournement », in *Langages*, 73, mars 1984, pp. 112-125.

JOLLES, A., *Les Formes simples*, Paris, Seuil, 1972.

LABLENIE, E., *Essais sur Montaigne*, Paris, SEDES, 1967.

LAFOND, J., « Des formes brèves de la littérature morale aux XVIe et XVIIe siècles » in *Les Formes brèves de la prose et le discours discontinu*, Paris, J. Vrin, 1984, pp. 101-22.

LANDHEER, R., « Le Paradoxe, un mécanisme de bascule », in *Le Paradoxe en linguistique et en littérature*, Genève, Droz, 1996.

LERAT, P., « Le Distinguo dans les Maximes de La Rochefoucauld, » in *Les Formes brèves de la prose et le discours discontinu*, Paris, J. Vrin, 1984, pp. 91-4.

MAINGUENEAU, D., *Initiation aux méthodes de l'analyse du discours*, Paris, Hachette, 1976.

MALOUX, M., *Dictionnaire des proverbes, sentences et maximes*, Paris, Larousse, 1960.

MARGOLIN, Jean-Claude, « Le Paradoxe est-il un figure de rhétorique ? », in *Nouvelle revue du seizième siècle*, n°.6, 1988, pp. 5-14.

MELEUC, S., « Structure de la maxime », in *Langages*, 13, 1969, pp. 69-99.

MESCHONNIC, H., « Les proverbes, actes de discours, » in *Revue des Sciences Humaines*, 163, 1976, pp. 419-30.

MILNER, G.B., « De l'armature des locutions proverbiales. Essai de taxonomie sémantique », in *L'Homme*, IX-3, 1969, pp. 49-70.

MOLINIE, G., *Eléments de stylistique française*, Paris, PUF, 1991.

MORAWSKY, S., « The Basic Functions of Quotations », in *Sign, Language, Culture*, The Hague, Paris, Mouton, 1970, pp.690-705.

PAGLIARO, H.E., « Paradox in the Aphorisms of La Rochefoucauld and Some Representative English Followers », in *P.M.L.A.,* 79/1, 1964, pp. 42-50.

PERELMAN, Ch., Olbrechts-Tyteca, L., *Traité de l'Argumentation. La Nouvelle rhétorique*, Bruxelles, Editions de l'Institut de Sociologie, Université Libre de Bruxelles, 1970.

POTTIER, B., *Introduction à l'étude de la morphosyntaxe espagnole*, Paris, Ediciones hispanoamericanas, 1966.

PROUST, M., *Correspondance générale*, 6 vol., Paris, Plon, 1930.

QUINTILIEN, *Institution oratoire*, trad. J. Cousin, Paris, Les Belles Lettres, 1975 (liv. I), 1976 (liv. II), 1976 (liv. IV-V).

RIEGEL, M., « Qui dort dîne » ou le pivot implicatif dans les énoncés parémiques », in *TRALILI* XXIV-1, 1986, pp. 85-99.

RIFFATERRE, M., *La Production du texte*, Paris, Seuil, coll. « Poétique », 1979.

— « Paradoxe et présupposition », in *Le Paradoxe en linguistique et en littérature*, Genève, Droz, 1996, pp. 149-171.

SCHERER, J., *La Dramaturgie classique en France*, Paris, Nizet, 1962.

SCHWARTZ, W. L., OLSEN, C. B., *The Sententiae in the Dramas of Corneille*, San Francisco, Stanford University Press, 1939.

SLATER, M., « La Fontaine and Brevity », in *French Studies*, XLIV-2, 1990, pp. 143-55.

TUTESCU, M., « Paradoxe, univers de croyance et pertinence argumentative » in *Le Paradoxe en linguistique et en littérature*, Genève, Droz, 1996, pp. 75-90.

VOLTAIRE, *Le Siècle de Louis XIV*, 2 vol., Paris, Garnier-Flammarion, 1966, t. II.

WHITING, B.J., « The Nature of the Proverb », in *Harvard Studies and Notes in Philology and Literature*, 14, 1932, pp. 273-307.

WILMET, M., *La Détermination nominale*, Paris, P.U.F., 1986.

YELENEVSKAYA, M.N., *The Structure and Function of Aphorisms*, thèse de doctorat dactylographiée, Leningrad State Pedagogical Institute, 1983.

TABLE DES MATIERES

Achevé d'imprimer sur les presses de la
SNEL S.A.
rue Saint-Vincent 12 – B-4020 Liège
tél. 32(0)4 343 76 91 - fax 32(0)4 343 77 50
8185 août 1997

Imprimé en C.E.E.

N° d'éditeur : 1605 — Composé par SEDES — Dépôt légal : septembre 1997